中等职业教育规划教材
ZHONGDENG ZHIYE JIAOYU GUIHUA JIAOCAI

柴艺 蔡长春 ◎ 主编
陆清漪 许宝利 ◎ 副主编

普通话教程

第2版

人民邮电出版社
北京

图书在版编目（CIP）数据

普通话教程 / 柴艺，蔡长春主编. -- 2版. -- 北京
：人民邮电出版社，2013.5（2022.10 重印）
中等职业教育规划教材
ISBN 978-7-115-30742-2

Ⅰ. ①普… Ⅱ. ①柴… ②蔡… Ⅲ. ①普通话—中等
专业学校—教材 Ⅳ. ①H102

中国版本图书馆CIP数据核字(2013)第025072号

内 容 提 要

口语交际是适应现代化社会发展需要的重要能力。随着中国社会、经济的快速发展，人员流动的数量日益增多，流动的区域日益扩大，普通话已成为人们日常生活、工作和学习中交流的重要工具，也是许多岗位的职业要求。本书由语音概述、普通话声母系统、韵母系统、声调、音节、音变、词汇和语法的规范与辨证以及朗读几个部分构成,普通话语音训练贯穿全书的始终。

本书可作为中等职业学校学生普通话学习和训练的教材。中等职业教育规划教材。

中等职业教育规划教材

普通话教程（第 2 版）

◆ 主　　编　柴　艺　蔡长春
副 主 编　陆清漪　许宝利
责任编辑　王　平

◆ 人民邮电出版社出版发行　　北京市丰台区成寿寺路 11 号
邮编　100164　　电子邮件　315@ptpress.com.cn
网址　http://www.ptpress.com.cn
三河市君旺印务有限公司印刷

◆ 开本：787×1092　1/16
印张：10.75　　2013 年 5 月第 2 版
字数：247 千字　　2022 年10月河北 第 14 次印刷

ISBN 978-7-115-30742-2

定价：25.00 元

读者服务热线：(010)81055256　印装质量热线：(010)81055316

反盗版热线：(010)81055315

广告经营许可证：京东市监广登字 20170147 号

本书编委会成员

主　编：柴　艺　蔡长春

副主编：陆清漪　许宝利

编　委：邹春芳　赵　莉　高莺娜　杨　明　陈一锐

王　师　李佳钰　李雪莲　汤林芯

第2版前言

我国幅员广阔，由于聚落分散、山川阻隔、人口迁徙、经济文化发展不平衡等多种原因，居住在不同地区的汉民族使用不同的汉语方言。随着我国社会、经济的快速发展，人员流动的数量日益增多，流动的区域日益扩大，各地不同的方言给人们的交流沟通带来很多不便。因此，推广普通话成为我国一项重要的基本国策。我国宪法明确了普通话和规范汉字作为通用语言文字的法律地位。《中华人民共和国国家通用语言文字法》规定："学校及其他教育机构以普通话和规范汉字为基本的教育教学用语用字。"自1955年起，我国逐步实行按水平测试结果颁发普通话等级证书的制度。此后这项考试越来越规范完善，成为检验人们普通话水平的一项权威标准，并与职业能力挂起钩来。为更好地贯彻《中华人民共和国国家通用语言文字法》，全面推进素质教育，配合学校普及普通话和普通话教学工作，顺应国内国外争相学习普通话的潮流，提高学生的普通话水平，我们编写了这本《普通话教程（第2版）》。

修订版教材在广泛吸收众多语言学家的最新成果的基础上，以普通话语音训练贯穿全书，较第1版教材，此书结合中等职业学校学生的认知规律来编排内容、设计体例，充分调动学生学习的积极性和主动性，突出职业教育的实用性。

本书体例及具体栏目设计如下。

★ **开篇寄语**：简要概述每一篇的主要内容，带动学生学习本篇内容的兴趣。
★ **应知导航**：用简洁的语言概括每一课需要掌握的知识。
★ **知识探究**：具体阐述有关学习要点。
★ **知识拓展**：对每一课知识的补充和深化，使学生获得更多的相关知识。
★ **学以致用**：提供有关思考与练习，通过实践让学生能熟练运用所学的知识。

本书由柴艺、蔡长春任主编，由陆清漪、许宝利任副主编，参加编写工作的还有邹春芳、赵莉、高莺娜、杨明、陈一锐、王师、李佳钰、李雪莲、汤林芯。

在本书的编写过程中，参阅了大量文献资料，在此对其作者、编者表示真诚的感谢。由于编者水平有限，编写时间仓促，书中难免存在缺点和不妥之处，敬请专家和广大读者批评指正！

编者

2013年2月

目录

概述篇

第一课　普通话与现代汉语 …… 2
第二课　如何学好普通话 …… 9

知识篇

第一课　语音概述 …… 14
第二课　声母 …… 21
第三课　韵母 …… 34
第四课　声调 …… 49
第五课　音节 …… 56
第六课　音变 …… 64
第七课　词汇和语法的规范与辨正 …… 79

应用篇

第一课　朗读概述 …… 85
第二课　各种文体的朗读 …… 91

附　录

附录 1　普通话水平测试大纲 …… 101
附录 2　普通话水平测试等级标准（试行） …… 112
附录 3　普通话异读词审音表 …… 113
附录 4　普通话水平测试用话题 …… 129
附录 5　普通话水平测试用朗读作品 …… 130

参考文献

开篇寄语

普通话是一种重要的语言交际工具，学会正确熟练地运用这个工具将使当代青年人在发展自我、服务大众的各项活动中如虎添翼，为青年人走出家门、走遍华夏、走向成功铺就坦途。

概述篇

第一课 普通话与现代汉语

应知导航

(1) 了解普通话的科学定义。

(2) 了解现代汉语的基本情况。

(3) 了解推广普通话的意义、方针和政策。

知识探究

普通话是中华人民共和国的国家通用语言，是现代汉语的规范语言。

“普通话”这个词早在清末就出现了。1902年，学者吴汝纶去日本考察，日本人向他建议中国应该推行国语教育来统一语言，在谈话中曾提到“普通话”这一名称。1904年，近代女革命家秋瑾留学日本时，与留日学生组织了一个“演说联系会”，拟订了一份简章，在这份简章中就出现了“普通话”的名称。1906年，研究切音字的学者朱文熊在《江苏新字母》一书中把汉语分为“国文”（文言文）、“普通话”和“俗语”（方言），他不仅提出了“普通话”的名称，而且明确地给“普通话”下了定义：各省通行之话。

一、普通话的定义

“普通话”的定义在中华人民共和国成立以前的几十年中一直是不明确的，存在着不同的看法。在1955年10月召开的“全国文字改革会议”和“现代汉语规范问题学术会议”期间，汉民族共同语的正式名称正式定为“普通话”，同时确定了它的定义，即“以北京语音为标准音，以北方话为基础方言”。1955年10月26日，《人民日报》发表题为《为促进汉字改革、推广普通话、实现汉语规范化而努力》的社论，文中提到：“汉民族共同语，就是以北方话为基础方言、以北京语音为标准音的普通话。”1956年2月6日，国务院发出关于推广普通话的指示，把普通话的定义增补为“以北京语音为标准音、以北方话为基础方言、以典范的现代白话文著作为语法规范”。这个定义从语音、词汇、语法3个方面明确规定了普通话的标准，使得普通话的定义更加科学和周密。

1. 以北京语音为标准音

“以北京语音为标准音”，是指普通话采用北京语音系统，但不包括北京话中的土音、土语成分和不必要的轻声、儿化音现象，因为它们会给普通话的推广带来许多麻烦。从1956年开始，国家对北京土话的字音进行了多次审订，制定了普通话的标准读音。

2. 以北方话为基础方言

“以北方话为基础方言”，是指普通话以通行于广大北方方言区的词语为词汇规范的标准。“北方话”是一个大方言，范围包括20多个省、直辖市、自治区，按人口计算占汉语地区的70%以上。北方话内部虽然存在差异，但词汇却有着相当的一致性，这就基本确立了普通话的词汇范围。普通话又摒弃了北方话中过于粗俗的词语，因而更为纯净。普通话所选择的词汇，一般都是流行较广且早已用于书面上的词语。近年来，国家语委组织编写了《现代汉语规范词典》，对普通话词汇进一步作出了规范。

3. 以典范的现代白话文著作为语法规范

“以典范的现代白话文著作为语法规范”，是指普通话以现代经典作家的白话文著作为书面语应用的典范。这个标准包括四个方面的意思：“典范”是指排除不典范的现代白话文著作作为语法规范；“白话文”是指排除文言文；“现代白话文”是指排除五四运动之前的早期白话文；“著作”是指普通话的书面形式，它建立在口语基础上，但又不等同一般的口语，而是经过加工、提炼的语言。

二、现代汉语

汉语是汉民族的语言，现代汉语就是现代汉民族的语言。汉语历史悠久，早在殷商时代汉语已具有非常完备的文字体系了，经历了古代汉语（先秦时期）、中古汉语（汉唐时期）、近代汉语（元明清时期），到五四运动之后现代汉语形成，至今仍在沿用。汉语是世界上历史最悠久、发展水平很高的语言之一。汉语具有如下特点。

1. 语音方面

（1）在汉语中，元音占优势。汉语音节中可以没有辅音，但是一定要有元音。

（2）汉语的音节结构比较整齐，没有两三个辅音连在一起的现象，也就是说没有复辅音。辅音的概念请参看后面的普通话声母系统。

（3）汉语有声调，每一个音节都有一个声调。声调使汉语语音有了高低升降的变化，因而增强了音乐性。

2. 词汇方面

（1）双音节词语占优势。在古汉语中常见的单音节词，在历史发展过程中逐渐向双音节转化，如“眼睛”代替了“目”等。有些新造词也多为双音节词语，如“冰箱”等。

（2）由于汉语的单音节都是语义的主要承担者，因此汉语语素还是以单音节为基本形式。这些大量存在的单音节可以独立构词，也可以组合起来构词。

3. 语法方面

(1) 语序和虚词是表达语法意义的主要手段。例如,“她学习不太好”和“她学习太不好”语序不同,表达的意义就不一样。

(2) 词、短语和句子的结构原则基本一致。词、短语和句子都有主谓、动宾、补充、偏正和联合 5 种基本的语法结构关系,在语法分析中,词、短语和句子是相同的。例如,“买书”、“锻炼身体”和“不要动我的东西!”都是动宾结构。

(3) 在汉语中,词的类别和句子成分的关系比较复杂,不是简单的对应关系,同一类词可以做多种句子成分。例如名词,既可以充当主语,又可以充当宾语。

(4) 汉语的量词十分丰富,如“个”、“张”、“辆”、“头”等,为方言区的人们学习普通话设置了一个障碍,量词的规范也是普通话词汇规范的重要内容。汉语也存在大量的语气词,如“吧”、“吗”、“呢”等表示不同的语气。

三、现代汉语方言

现代汉语除规范语言普通话外还有方言,从语言学发展的角度讲,普通话和方言处在相互融合不断发展的过程中,方言在语音、词汇方面逐渐向普通话靠拢,普通话也不断从方言中吸纳词汇,丰富自己。我国地域广阔、人口众多,因此方言的情况也比较复杂,通常把我国的方言分为七大方言区,即北方方言区(官话方言)、吴方言、湘方言、赣方言、客家方言、闽方言和粤方言。在复杂的方言区内,还可以再化分成若干方言片(又称次方言),甚至还可以再分成“方言小片”,具体到某市、某县等地点的方言就称为“地点方言”,如长沙话等。

1. 北方方言

北方方言又称“官话方言”,以北京话为代表,是现代汉民族共同语的基础方言,是通行地区最广的汉语方言,包括整个东北、华北、西北、西藏除外的西南地区,山东、河南、湖北以及江苏、安徽的大部分地区。北京话、天津话、东北话、西安话以及南方的成都话等都是北方方言的代表,使用这一方言的人占汉语区总人口的 73%。

北方方言分为四个次方言区:

(1) 华北方言。通行于京津两市及东北三省、河北、山东、河南,其中吉林、辽宁和黑龙江三省方言最接近北京话。

(2) 西北方言。通行于山西、陕西、甘肃、内蒙古、宁夏一部分、青海一部分及新疆。

(3) 西南方言。通行于重庆市和四川、云南、贵州等省以及湖北的大部分地区(东南角除外)、广西西北部和湖南西北角。

(4) 江淮方言。俗称下江官话,通行于长江中下游,包括安徽、江苏、江西部分沿江地区。

2. 吴方言

吴方言又称江浙话或江南话,典型的吴方言以苏州话为代表。其中安徽西南部受赣方言影响,浙江南部保留了较多古代百越话特征,以致不能和作为典型吴语的太湖片吴语通话。通行地域主要是江苏省长江以南、镇江以东,南通小部分,上海及浙江大部分地区。使用人口大约占汉语区总人口的 7.2%。

3. 客家方言

客家方言又称客家话或客语，以广东梅县话为代表。客家方言在中国南方的客家人中广泛使用，包括广东东部和北部、福建西部、江西南部、广西东南部等地。虽然是一种南方方言，但客家话是在北方移民南下影响中形成的，客家话因而保留了一些中古中原话的特点。使用客家话的人口大约占汉语区总人口的3.6%，他们集中生活最多的地方是广东梅州地区，海外华人及华侨中也有部分人说客家话。客家话是早期北方移民后裔的语言，带有较多唐代以前北方话特征。

4. 闽方言

闽方言又称福建话。闽方言分布在福建、海南两省的大部分地区和广东东部潮汕地区、雷州半岛部分地区、浙江东南部、广西的少数地区以及台湾部分地区。由于闽语的内部分歧比较大，通常分为闽南方言（以厦门话为代表）、闽北方言、闽东方言（以福州话为代表）、莆仙方言和闽中方言。闽语是所有方言中唯一不完全与中古汉语韵书存在直接对应的方言，其中以闽南语最具影响。使用闽方言的人口约占汉语区总人口的5.7%。

5. 粤方言

粤方言又称粤语或广东话，以广州话为代表，在广东省、香港、澳门和海外华人中被使用。使用粤方言的人口大约为汉语区总人口的4.1%。粤方言是汉语中声调最复杂的方言之一，同时也是保留中古汉语最完整的方言之一。

6. 湘方言

湘方言又称湖南话，也称湘语，主要分布于湖南省，此外广西、四川境内也有少量分布。湘方言内部通常被分为老湘语和新湘语两类。老湘语广泛流行于湖南中部宁乡、衡阳等地，新湘语流行于长沙、株洲等大中城市，新湘语更接近于北方话。湘方言以长沙话（新）及双峰话（老）为代表，使用者约占汉语区总人口的3.2%。

7. 赣方言

赣方言又称江西话、赣语或溪语，以南昌话为代表，通行于江西省大部分地区以及福建西部、湖南省部分县市，使用人数约占汉语区总人口的3.2%。因历史上北方汉人南迁多从江西中转，加之地理上与江淮官话、湘方言、客家话区接壤，就使江西省边缘地区深受其他方言影响，也导致赣方言自身特点被淡化。

在以上各大方言中，闽方言、粤方言与普通话的差距最大，其次是吴方言，湘方言、赣方言和客家方言与普通话的差距较小。由此看来，推广普通话任重而道远。

四、大力推广普通话

1. 推广普通话的意义

在新时期推广普通话的意义，主要有以下几个方面。

首先，语言文字是人们的交往工具、思维工具，是维系社会存在和发展的基本要素，服务于社会的经济、政治、文化生活，并随着经济、社会的发展而发展。我国幅员辽阔，方言多而复杂，造成了不同方言区人们之间交际的困难，对社会的正常交往也有一定程度的影响，甚至影响到不同地区的经济、文化的发展。推广普通话，可以减少人们之间交际的困难，有利于社会的交往，有利于地区经济的发展，有利于国家的安定和统一。

其次，随着社会的发展，科学技术的进步，人们对普通话的要求也越来越高。当今社会是信息社会，语言文字是主要的信息载体。据统计，计算机处理的信息内容80%以上是语言文字，包括计算机语言的输入和语言识别等。规范化的语言文字是信息产业发展的前提。普通话的推广可以为信息产业的发展提供便利的条件，也为人们日常的学习和工作带来了方便。

此外，随着我国市场经济的发展和综合国力的增强，东西交流、南北交往日益频繁，我国与世界的交往也日益增多，我国通用语言文字的使用在国际上也日益频繁。普通话已成为联合国6种工作语言之一，是中外交流的重要工具。进一步推广普通话，可以减少语言交际的困难，促进国际交往。我国已经实施汉语国际化战略，拟在全球建立100所宣传汉文化、学习汉语的孔子学院。维护我国语言文字的纯洁、健康，不但是国家经济建设和文明创建活动的需要，也是维护国家主权和民族尊严的需要。

2. 推广普通话的方针和政策

为适应改革开放和社会发展的需要，使语言文字工作更好地为经济建设服务，国家把推广普通话作为新时期语言文字工作的首要任务，推广普通话的方针由原来的“大力提倡、重点推行、逐步普及”调整为“大力推行、积极普及、逐步提高”。新的方针在强化政府行为、扩大普及范围、提高应用水平等方面提出了更高的要求。

为了更加有效地推广普通话，提高全社会的普通话水平，中央有关部门做出决定，对一定范围内的岗位人员进行普通话水平测试。从1955年起，我国逐步实行按水平测试结果颁发普通话等级证书的制度。测试的对象包括县以上广播员、节目主持人、普通话教师、影视演员及有关院校的毕业生；中小学教师、师范院校教师和毕业生，并对上述人员提出了相应的要求：前者应达到一级水平，后者应达到一级或二级水平，逐步实行持普通话等级证书上岗制度，成立国家普通话水平测试委员会，负责领导各地测试工作，指导各地按照《普通话水平测试实施办法（试行）》和《普通话测试等级标准（试行）》的规定进行工作。

1994年，国家语言文字工作委员会、国家教育委员会、广播电影电视部联合发出《关于开展普通话水平测试工作的决定》，同年国家有关部门编制印发了《普通话水平测试大纲》。此后，测试标准和测试规定相继发布。1999年至2001年，国家教育部、人事部、金融委、铁道部、高检院、文化部、国家邮政总局、信息产业部等部委先后发出通知，要求本部门工作人员参加普通话培训和测试，并将测试达标与职工上岗资格挂钩。

2001年1月1日起施行的《中华人民共和国国家通用语言文字法》第19条规定：“以普通话作为工作语言的播音员、节目主持人和影视话剧演员、教师、国家机关工作人员的普通话水平，应当分别达到国家规定的等级标准；对尚未达到国家规定的普通话等级标准的，分别情况进行培训。”第24条规定：“国务院语言文字工作部门颁布普通话水平测试等级标准。”这是我国历史上“测试”及其等级标准的概念第一次进入法律的范畴。现在普通话水平测试已经成为普通话水平的重要检验标准，普通话等级证书也得到了广泛的认可，有效地推广了普通话。

国家大力推行普通话，同时也规定各民族语言平等，都有使用自己民族语言的自由。在处理普通话与方言的关系上，一方面，规定公民应普遍具备说普通话的能力，并在必要的场合自觉使用普通话；另一方面，承认方言在一定场合具有自身的使用价值，推行普通话并不是消灭方言。

五、认真学习普通话

各种方言与普通话的差别有大有小，不同方言区学习普通话的难易程度也不尽相同。目前，由于广播电视等传媒的影响，大中城市的年轻人多数会说比较标准或带些方言色彩的普通话，如果有较好的语言环境，他就会在学习和生活中把普通话作为母语使用；如果语言环境不理想，他可能使用双语，即在学校和正式场合用普通话，在家庭或日常生活中用方言。来自边远或欠发达地区的学生，由于缺少良好的语言环境，少部分人根本不会说普通话，多数人可以说，但说得生硬、不自然，方言色彩浓重；当然，他们中也可能有少数先天条件或环境条件优越的人可以说较标准的普通话。

每个人普通话的基础不同，学习目标也应当有一定的区别。

1. 普通话基础较好的

应当在认真学习普通话的有关理论的基础上，学习一些发声、朗读、演讲方面的知识和技巧；提高、锤炼普通话口语，注意分辨和纠正日常用语中的方言词汇。这部分人存在的普通话语音问题主要有：翘舌声母轻微缺陷（卷舌动作稍重或稍欠）、j 组声母偏前、单元音［ɑ］的舌位偏后或偏高、复合元音动程不足等。

2. 普通话基础一般的

通过学习尽量去除语音中的方音色彩，能用基本规范的普通话流畅地朗读文章，口语自然连贯。这部分人存在的主要问题有：平翘舌基本不分，存在齿间音、鼻化元音、复合元音无动程，个别声调不能准确把握等。

3. 普通话基础差的

从头学起，勇于练习，勤于练习，坚持不懈，加之教师耐心细致、有针对性地辅导，他们中的大多数经过几个月的学习之后，也能学会说一口比较标准的普通话。

【知识拓展】

新中国成立以来，普通话工作从推广到普及有四个里程碑。

第一个里程碑：20 世纪 50 年代，国务院《关于推广普通话的指示》确定了普通话名称，确定了“大力提倡，重点推行，逐步普及”的推普方针，确定了文字改革的任务是“简化汉字，推广普通话，制定和推行汉语拼音方案”。这一时期颁布了《汉语拼音方案》，毛泽东同志发出了“一切干部都要学普通话”的号召。20 世纪 50 年代的开创性建设工作，带来了 60 年代推广普通话工作的繁荣和全国上下学习普通话的热潮，这是推广普通话工作的第一个黄金时期。

第二个里程碑：1982 年修改《中华人民共和国宪法》时，在第十九条中明确规定："国家推广全国通用的普通话"，确定了普通话的法定地位。从此，推广普通话，推行简化汉字，走上了法制建设道路。20 世纪 90 年代初，推广普通话的方针由 20 世纪 50 年代的"大力提倡，重点推行，逐步普及"调整为"大力推行，积极普及，逐步提高"。1986 年全国语言文字工作会议明确提出，20 世纪内努力做到：第一，各级各类学校使用普通话教学，普通话成为教学语言；第二，各级各类机关进行工作时一般使用普通话，普通话成为工作语言；第三，广播（县以上）、电影、电视、话剧使用普通话，普通话成为宣传语言；第四，不同方言区的人在公共场合的交往基本使用普通话，普通话成为交际语言。

第三个里程碑：1994 年 10 月 30 日由国家语言文字工作委员会、国家教育委员会和广播电影电视部联合发出的《关于开展普通话水平测试工作的决定》，要求对各级各类学校教师、播音员、主持人、师范院校学生等岗位人员进行普通话水平等级测试，并实施教师、播音员、主持人持普通话等级证书上岗制度。之后，逐步扩展到其他服务行业和外国留学生中。这是落实"逐步提高"的手段，也是使普通话考核与国际接轨，使普通话走向世界，使汉语逐渐成为世界强势语言的重大举措。这个时期，确定了自 1998 年起每年 9 月的第 3 周为"全国推广普通话宣传周"。1997 年 12 月全国语言工作会议提出了跨世纪的推广普通话工作目标：2010 年以前，普通话在全国范围内初步普及，交际中的方言隔阂基本消除，受过中等或中等以上教育的公民具备普通话的应用能力，并在必要场合自觉使用普通话，与口语表达关系密切行业的工作人员，其普通话水平达到相应的要求；21 世纪中叶以前，普通话在全国范围内普及，交际中没有方言隔阂，国民普遍具备普通话应用能力，并在必要场合自觉使用普通话。20 世纪 90 年代，是我国推广普通话工作的又一个黄金时期。

第四个里程碑：以 21 世纪第一天开始施行的《国家通用语言文字法》为标志。这部语言文字法体现了国家语言文字工作的方针和政策，科学地总结了自新中国成立以来开展语言文字工作的经验、教训，反映了人民的呼声，时代的呼唤。这部专门法确定了普通话和规范汉字的国家通用语言文字的法律地位，标志着中华人民共和国语言文字法制建设取得了突破性进展。这部专门法的施行，对我国社会主义市场经济建设以及加入世贸、走向世界，起到了积极的促进作用。

【学以致用】

1. 什么是普通话？普通话在语音、词汇、语法方面各有什么特点？

2. 我国汉语分为几大方言区？你的家乡处于哪一个方言区中？比较一下自己的家乡方言与普通话有什么区别。

第二课 如何学好普通话

应知导航

（1）掌握学好普通话的基本方法。

（2）养成学习普通话的良好习惯，提高说普通话的能力。

知识探究

学好一种语言不是一件轻松的事，学好普通话也不例外。但学说普通话有一定规律可循，只要敢于说、坚持说，并掌握一些基本方法，就一定会越说越流利，越说越标准。

一、掌握普通话语音知识

理论是实践的指南，注意掌握普通话的语音知识，包括普通话的声、韵、调发音原理和《汉语拼音方案》这一工具。

1. 语音方面

普通话的语音标准是非常明确的。对于读音不统一的字来说，普通话审音委员会公布的最新材料给这些汉字确定的读音是唯一标准，任何其他读音在这一材料公布之后都是不规范的。所以，要注意及时学习这方面的最新材料，跟上语音规范化的步伐。

2. 词汇方面

普通话的词汇一般以北方方言中比较通行的词语为标准。例如“玉米”、“棒子”和“苞米”这些表示同一事物的不同名称，普通话选用通用的“玉米”，舍弃了其他不通用的名称。适当吸收一些有生命力的方言词、古语词、外来词，可以丰富和发展普通话词汇，如垃圾、逝世、诞辰、沙发、咖啡等。

二、掌握学好普通话的主要环节

方言与普通话的分歧，主要表现在语音方面，所以语音是普通话学习中的重要环节。

1. 学好发音

在正确的指导下（如教学录音带、电视讲座、发音纯正的教师），要发准每一个声母、韵母、声调，拼读好音节，读准音变；要反复模仿练习，力求发准，做到读音正确，腔调圆润。这是学好普通话的基本功。

2. 记住每个常用汉字的规范读音

有规律可循的，可依规律成批记忆，如利用形声字声旁类推的办法来记。声旁相同的字，绝大部分读音相同或相近，可进行对比类推。例如，违 wéi、围 wéi、苇 wěi、伟 wěi、纬 wěi，声旁都是“韦”，所以读音都是 wei。这样进行对比类推，一记就是一串，而且容易记牢。形声字占汉字总数的 80% 以上，所以这种方法用处很大，但要注意形声字中已有 70% 不能用它的声旁准确表示现在的字音了，所以，完全按声旁来读音，在不少情况下是错误的。

无规律可循的，应依托具体的语言环境进行记忆。心理学原理告诉我们，人对事物的记忆是以组块为单位进行的，所以识记汉字最有效的办法是在具体的语言环境中进行“环境记忆”。

（1）掌握整个词、词组、句子的标准读音，在这样的语言环境中记住中间每个字的标准音，如万水千山 wànshuǐqiānshān 等。

（2）用普通话标准音熟读和背会一些古今中外的名篇佳作，如范仲淹的《岳阳楼记》、朱自清的《春》，以及富有思想性、知识性、趣味性的材料，如名人名言、绕口令等，可以有效地帮助自己长时间记住其中每个字的标准音，同时也能提高其他方面的修养，一举两得，是一种富有吸引力的学习方法。当然，利用这两种书面语言环境识记字音时，借助规范录音和注音材料比现查、现标字音要高效得多。

（3）在能够正确辨别音节的声、韵、调的基础上，经常听收音机、录音带，看电影、电视，听语音纯正的人说话，用这些手段为自己创造一个学习普通话的小环境。

3. 循序渐进地进行普通话语音及发声练习

学习普通话是一个循序渐进的过程，绝不会一蹴而就。学习语言，最重要的就是多练习，坚持不懈地练习，以加强和巩固自己对正确语音和正确发声方法的印象。练习普通话语音时，先从单音节字、双音节词开始，找出自己语音不规范的地方，然后找出原因，纠正读音，不断巩固练习，再加大练习的难度。比如，把易混的字词放在一起做练习，把自己发音中的难点字音放到句子里、文章里去做练习，不断提高自己正确的发音能力。只有坚持不懈地进行反复的、大量的练习，才能纠正不规范的发音及不良的发声习惯，使正确规范的语音、语调以及科学的用声习惯不断得到稳固，使普通话水平不断提高。

三、努力营造学习普通话的氛围

学习一种语言，如果能够在特定的语言环境里学习则是一件比较容易的事情。在一定的语言环境里，不断地受到这种语言的影响刺激，不断地巩固和加强这种语言的表达能力，也就能更快地掌握这门语言，普通话的学习也是如此。为自己营造一个学习普通话的语言环境应做到以下几点。

1. 多听

比如，早上一起床，就把收音机调到中央人民广播电台，收听每天的《新闻与报纸摘要》节目，这个节目的普通话语音非常标准，语言表达也很规范，还有晚上中央电视台的《新闻联播》节目等。在普通话学习的入门阶段，多听普通话语音及表达都非常规范的新闻类节目，对于提高普通话语感很有帮助。

2. 多练

可以准备一个小录音机，经常给自己做练习录音，然后通过听录音来检查自己的语音以及音色是否正确、动听，和规范的读音作比较，以便发现问题，进而及时地纠正问题。

3. 多交流

可以和讲普通话比较标准的人多交流，多对话，以提高自己的语言表达能力。只有通过大量的有针对性的练习和听辨能力的不断提高，才能较快地提高普通话的水平。

总而言之，学习普通话，只记一些概念、规则是没有多大用处的，重要的是在理解知识、掌握方法的基础上，全面地进行听、说、读、记的训练，养成勤于动脑记、动口练、动耳听、动手查的良好学习习惯，从而切实地提高自己的口语表达能力，练就一口标准、流利、令人羡慕的普通话。

【知识拓展】

《汉语拼音方案》

《汉语拼音方案》是用拉丁字母来拼写普通话的方案。它由中国文字改革委员会制定，经第一届全国人民代表大会第五次会议批准，于1958年2月11日公布推行。

《汉语拼音方案》的主要用途是给汉字注音和教学普通话。

《汉语拼音方案》的内容包括字母表、声母表、韵母表、声调符号和隔音符号五个部分。

下面再简要地说一下《汉语拼音方案》的几个用途。

1. 给汉字注音

1958年《汉语拼音方案》公布后，我国的字典、词典、小学语文课本等都用拼音字母注音，只要学习过拼音方案，掌握了声母、韵母和声调的发音，认读汉字就不成问题。这给全国人民的文化学习和对外国人的汉语教学，提供了极大的方便。

2. 教学普通话

《汉语拼音方案》是根据北京音系制定的，它能准确地拼写普通话，按拼音读出的音就是普通话语音，所以，它是教学普通话的良好工具。可以用它来编写普通话教材和拼音读物，这给小学教育、成人识字教育和教外国人学习汉语等都带来很大的益处。

3. 其他方面的应用

《汉语拼音方案》可以用来音译人名、地名和科学术语，可以用来作计算机的汉语输入，可以用来编索引、打电报，作工业产品的代号，作商店的招牌等。

学以致用

1. 试读下列单音节字词。

换 戳 告 蹄 庄 陕 控 娃 段 百 瞥 逆 添 壤 究 群 法 残 木 斤 裂 宣 耳 瞎

2. 试读下列多音节词语。

背后 特别 冲刷 战略 农民 胆固醇 浅显 加速 所有制 疲倦 佛教 恰好 夸张 配套 扎实 藏身

3. 请用普通话读下列句子。

国家推广全国通用的普通话。

正确使用祖国的语言文字，大力推广普通话。

树立语言规范意识，提高民族文化素质。

学习普通话，为现代化建设营造良好的语言环境。

说普通话，迎四方宾客；用文明语，送一片真情。

说普通话，写规范字。

宣传贯彻《国家通用语言文字法》，大力推广普通话，促进语言文字规范化。

大力推广普通话，齐心协力奔小康。

普通话——情感的纽带，沟通的桥梁。

实现顺畅交流，构建和谐社会。

构建和谐语言生活，弘扬中华优秀文化。

构建和谐语言生活，营造共有精神家园。

热爱祖国语言文字，构建和谐语言生活。

开篇寄语

知识就是力量，要说一口流利的普通话，首先要了解普通话的一些基础知识。这些知识能帮我们更快更好地掌握普通话。

知识篇

第一课　语音概述

应知导航

(1) 了解语音的性质。
(2) 明确语音的基本概念。
(3) 掌握普通话的语音系统。

知识探究

一、语音的性质

语音是人类的发音器官发出来的能够表情达意的声音。语音、词汇和语法构成了语言的三要素，其中，语音是语言的物质外壳，是语义的载体。语音的性质可以从物理性质、生理性质和社会性质三方面来考察。

(一) 物理性质

语音和自然界的一切声音一样，是由物体振动引起的，它具有音高、音强、音长和音色四个特征。

1. 音高

音高是指声音的高低，它是由发音体振动的频率来决定的，语音的高低取决于声带振动的频率，即声带每秒钟振动的次数。语音的高低和人的声带的长短、厚薄、松紧有关。声带如果窄、短、薄，频率就高，声音也高；声带如果长、粗、厚，频率就低，声音也低，女子和儿童的声带要比男子的声带窄、短、薄，因此声音就有明显差别。同一个人的声音也有高低的不同，这是因为人有控制声带松紧的能力，在不同的语境下，人可以随时将声带拉紧或者放松，这样声音的高低就不同了。

普通话里的声调就是音高变化的表现。例如，“妈”（mā）、“麻”（má）、“马”

（mǎ）、“骂”（mà）的差别，就是由音高决定的。

2. 音强

音强是指声音的强弱，它是由音波振动幅度的大小决定的。话音的强弱是由呼出的气流的强弱决定的。说话时如果用力大，气流强，声带振动的幅度大，声音就强；反之，说话时如果用力小，气流弱，声带振动幅度小，声音就弱。在普通话发音中，例如“自然”zìrán（自然界）和“自然”zìran（态度不局促），后者的“然”比前者的“然”声音要弱，声音的强弱造成了同一词的不同意义。

音高和音强的区别可举例说明，如击鼓时用力的大小导致声音的大小，这属于音强的变化；而击不同的鼓，如大鼓和小鼓，发出的声音的差异则属于音高的变化。

3. 音长

音长是指声音持续的长短，它是由发音体振动持续时间的长短决定的。对语音来说，声带振动持续的时间长，声音就长；声带振动的时间短，声音就短。普通话里的轻声音节就比较短。

在语音中，音高、音强和音长都是相对的，不是绝对的。

4. 音色

音色也叫音质，是声音的品质和特色，即一个声音区别于其他声音的基本特征。它是由音波振动的形式决定的。因为人的发音器官没有完全相同的，人又可以加以主观控制，所以每个人的语音都有自己的特色。

影响音色形成的因素有以下 3 个方面。

（1）发音体不同。例如，钢琴和小提琴的声音不同，是因为发音体一个是键盘，一个是琴弦。甲乙两人说同样一句话，可以听出不同，这是因为两人的声带等发音体不同。

（2）发音方法不同。例如，同一把小提琴，用琴弓拉和用手指拨发出的声音就不同。sh 和 r 的声音不同，是由于 sh 发音时声带不振动，而 r 发音时声带振动。

（3）发音时共鸣器的形状不同。例如，二胡和小提琴都是弦乐器，但是由于形状不同，一个是圆柱体，一个是葫芦体，因此音色就不同。

任何声音都是音高、音强、音长、音色的统一体，语音也不例外。但是，在不同的语言里，语音这 4 个要素被利用的情况并不完全相同。无论任何语言，音色都是用来区别意义的最重要的要素，其他要素在不同语言里区别意义的作用却不尽相同。在汉语中，除音色以外，音高也十分重要，因为在汉语普通话及各方言中，声调具有区别意义的作用，而声调主要是由音高构成的。

（二）生理性质

语音是人的发音器官协调运动的结果。发音器官及其活动决定语音的区别。要了解语音的生理性质，必须了解这些发音器官。人的发音器官包括以下 3 部分。

1. 呼吸器官

呼吸器官包括肺和气管，肺部呼吸所形成的气流是发音的动力，正如前面所说气流量的大小直接决定了声音的强弱。气流通过气管到达喉部，作用于声带、喉头、鼻腔等发音器官，发出不同的声音。

2. 发声器官

发声器官包括喉头和声带。喉头起通道的作用，由甲状软骨、环状软骨和两块勺状软骨组成。声带在发音中起重要作用，它位于喉头中间，一端连接着甲状软骨，另一端和两块勺状软骨相连接，是两片富有弹性的薄膜，中间是声门，可以打开或闭合。当人们呼吸和发噪声时，声门打开，气流可以自由地通过呼出（见图1-1（b））；发乐音和说话时声门闭合，两条声带靠近，中间留一条窄缝，气流必须从声门的窄缝里挤出，使声带受到振动，发出响亮的声音（见图1–1（c））。

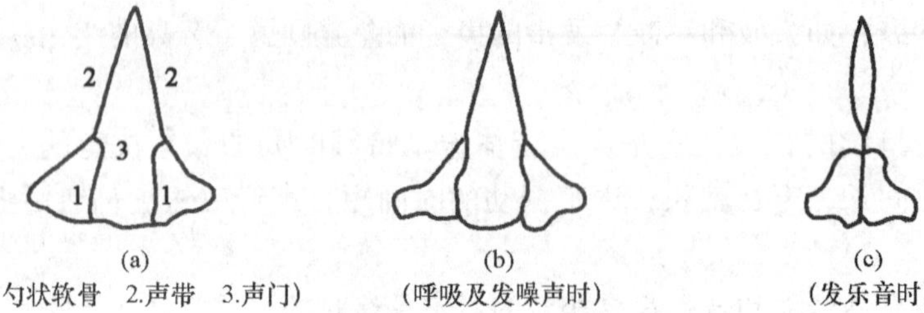

图1–1　声带活动示意图

3. 共鸣器官

共鸣器官包括口腔和鼻腔。气流振动声带发出音波后之所以能形成不同的声音，是因为气流在口腔和鼻腔会产生各种共鸣。口腔的结构较为复杂，可以分为唇、齿、腭、舌、小舌等部位，如图1-2所示。舌头、软腭、上下唇都活动频繁，硬腭、上下齿等部分不能活动，但在舌头和它们相接触的各种活动中，也可以产生许多不同的声音。气流在口腔活动产生共鸣而发出的声音称为“口音”。鼻腔是起共鸣作用的固定腔体，它和口腔相接的软腭和小舌都可以上下移动。当软腭和小舌向上移动时，气流通过口腔产生共鸣而发出口音；当软腭和小舌向下移动时，气流通过口腔的通道被挡住，改从鼻腔产生共鸣而呼出，此时的声音称为“鼻音”。

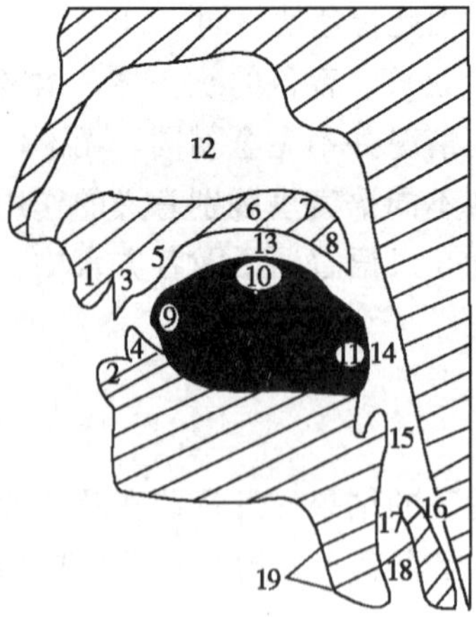

1. 上唇　2. 下唇　3. 上齿　4. 下齿　5. 齿龈　6. 硬腭　7. 软腭　8. 小舌
9. 舌尖　10. 舌面　11. 舌根　12. 鼻腔　13. 口腔　14. 咽头　15. 会厌　16. 食道
17. 气管　18. 声带　19. 喉头

图1–2　发音器官示意图

（三）社会性质

语言是人类社会的交际工具，作为其表现形式的语音也必然具有社会性。语音负载了社会赋予的内容，它和所指的事物、所表达的概念之间无必然的联系，完全是社会约定俗成的结果。例如“火”这一事物，英语用 fire 表示，普通话用 huǒ 表示，但是音和义的结合一旦被社会承认和稳定下来，就不允许个人随便改动，不然就会影响交际。

语音的社会属性还表现在语音的系统性上，各种语言或方言都有自己的语音系统。不同的语言或同一种语言的不同方言之所以有不同的语音系统，是因为使用不同语言或不同方言的社会群体约定俗成而形成的。语音的社会性主要表现为民族特征和地域特征。语音的民族特征可以从汉语和其他语言的比较中显示出来。例如英语和汉语，汉语语音中有送气和不送气的区分，它具有区分意义的作用，如 bō（波）和 pō（泼）。英语中虽然也有送气和不送气的区分，但这种区分并不具有区分意义的作用。这样的区别在普通话和方言中也很明显，如在很多地区 z、c、s 和 zh、ch、sh 是不分的，“陈（chén）”和“岑（cén）”的发音误念为相同的，而在普通话中两者的区分是很清楚的。

二、语音的基本概念

（一）音素

音素是从音质的角度切分出来的最小的语音单位。它是从语音表达和听感上不能再分析的成分。汉语的音节可以由一个音素构成，如 a（阿）、e（鹅）；也可以由两个音素构成，如 an（安）、ou（欧）；还可以由 3 个或 4 个音素构成，如 bao（包）、nian（年）。

例如，图（tú）书（shū）馆（guǎn）中的 t、u、sh、g、a、n 都是不能再分的最小的音，这样的音就是最小的语音单位，也就是音素。普通话语音共有 32 个音素，可以分成元音和辅音两大类。

1. 元音

元音，也称母音，发音时，气流通过声门时声带振动，发音器官的其他部位不形成任何阻碍，呼出的气流畅通无阻，发音器官的各部分保持均衡状态，气流较弱。例如 u、a、i 都是元音，普通话语音中有 10 个元音音素。

2. 辅音

辅音，也称子音，发音时气流通过声门时多数不振动声带，在口腔里受到发音器官的各种阻碍，气流通过阻碍才能发出声音，气流较强。例如 b、t、p 都是辅音，普通话语音中有 22 个辅音音素。

（二）音节

音节是语音的自然单位，是听觉上能够自然分辨的最小语音片段。人说话的时候，发音器官的肌肉总是一紧一松地运动，从而在人的听感上形成一个个语音片断。这种语音片断是人的听觉最容易感受到的，也是人最容易发出的。通常一个汉字就是一个音节，如“大力推广普通话”，可以清楚地听到有 7 个语音单位，也就是有 7 个音节。普通话的音节一般由声母、韵母和声调三部分组成，如 dà（大）是由 d、a 两个音素组成的。在汉语中，一个音节写下来就是一个汉字，如“我是中国人”5 个音节写下来就是 5 个汉字。有极少的情况例外，“一下儿”这 3 个字念出来实际上是两个音节，“下儿”是一个音节，念“xiàr”。

三、普通话的语音系统

（一）声母、韵母

根据汉语音韵学传统的分析，通常把一个音节开头的部分称为声母，把音节中声母后面的部分称为韵母。声母和韵母是我国传统分析汉语单节的结构单位。它不是最小的单位，因为韵母还有第二层次的结构单位：韵头、韵腹、韵尾，也叫介音、主要元音、尾音。

普通话语音中共有 22 个声母，其中有 21 个辅音声母（b、p、m、f、d、t、n、l、g、k、h、j、q、x、zh、ch、sh、r、z、c、s，辅音 ng 只能用做鼻韵母的韵尾，不能充当声母)，1 个零声母。

普通话语音中有 39 个韵母，韵母不能没有元音音素。一个元音音素可以独立成音节，如 ā 本身就是一个韵母。有的韵母只有 1 个元音，有的韵母有 2 个元音，一个韵母最多可以有 3 个元音。

下面是《汉语拼音方案》中的字母、声母和韵母表。

1. 字母表

字母： 名称：	Aa ㄚ	Bb ㄅㄝ	Cc ㄘㄝ	Dd ㄉㄝ	Ee ㄜ	Ff ㄝㄈ	Gg ㄍㄝ
	Hh ㄏㄚ	Ii 丨	Jj ㄐ丨ㄝ	Kk ㄎㄝ	Ll ㄝㄌ	Mm ㄝㄇ	Nn ㄋㄝ
	Oo ㄛ	Pp ㄆㄝ	Qq ㄑ丨ㄡ	Rr ㄚㄦ	Ss ㄝㄙ	Tt ㄊㄝ	
	Uu ㄨ	Vv ㄪㄝ	Ww ㄨㄚ	Xx ㄒ丨	Yy 丨ㄚ	Zz ㄗㄝ	

注：V 只用来拼写外来语、少数民族语言和方言。

字母的手写体依照拉丁字母的一般书写习惯。

2. 声母表

b ㄅ玻	p ㄆ坡	m ㄇ摸	f ㄈ佛	d ㄉ得	t ㄊ特	n ㄋ讷	l ㄌ勒
g ㄍ哥	k ㄎ科	h ㄏ喝		j ㄐ基	q ㄑ欺	x ㄒ希	
zh ㄓ知	ch ㄔ蚩	sh ㄕ诗	r ㄖ日	z ㄗ资	c ㄘ雌	s ㄙ思	

注：在给汉字注音的时候，为了使拼式简短，zh、ch、sh 可以省作 ẑ、ĉ、ŝ。

3. 韵母表

	i 丨　衣	u ㄨ　乌	ü ㄩ　迂
a ㄚ　啊	ia 丨ㄚ　呀	ua ㄨㄚ　蛙	

续表

o ㄛ　喔		uo ㄨㄛ　窝	
e ㄜ　鹅	ie ㄧㄝ　耶		üe ㄩㄝ　约
ai ㄞ　哀		uai ㄨㄞ　歪	
ei ㄟ　欸		uei ㄨㄟ　威	
ao ㄠ　熬	iao ㄧㄠ　腰		
ou ㄡ　欧	iou ㄧㄡ　优		
an ㄢ　安	ian ㄧㄢ　烟	uan ㄨㄢ　弯	üan ㄩㄢ　冤
en ㄣ　恩	in ㄧㄣ　因	uen ㄨㄣ　温	ün ㄩㄣ　晕
ang ㄤ　昂	iang ㄧㄤ　央	uang ㄨㄤ　汪	
eng ㄥ　亨的韵母	ing ㄧㄥ　英	ueng ㄨㄥ　翁	
ong （ㄨㄥ）　轰的韵母	iong ㄩㄥ　雍		

（1）“知、蚩、诗、日、资、雌、思”7个音节的韵母用i，即知、蚩、诗、日、资、雌、思等字拼做zhi、chi、shi、ri、zi、ci、si。

（2）韵母儿写成er，用做韵尾的时候写成r。例如，“儿童”拼做ertong，“花儿”拼做huar。

（3）韵母ㄝ单用的时候写成ê。

（4）i列的韵母，前面没有声母的时候，写成yi（衣）、ya（呀）、ye（耶）、yao（腰）、you（优）、yan（烟）、yin（因）、yang（央）、ying（英）、yong（雍）。

u列的韵母，前面没有声母的时候，写成wu（乌）、wa（蛙）、wo（窝）、wai（歪）、wei（威）、wan（弯）、wen（温）、wang（汪）、weng（翁）。

ü列的韵母，前面没有声母的时候，写成yu（迂）、yue（约）、yuan（冤）、yun（晕），ü上两点省略。

ü列的韵母跟声母j，q，x拼的时候，写成ju（居）、qu（区）、xu（虚），ü上两点也省略；但是跟声母n、l拼的时候，仍然写成nü（女）、lü（吕）。

（5）iou、uei、uen前面加声母的时候，写成iu、ui、un。例如，niu（牛）、gui（归）、lun（论）。

（6）在给汉字注音的时候，为了使拼式简短，ng可以省做ŋ。

（二）声调

声调是音节的高低升降形式，它是由音高决定的。汉语是有声调的语言。声调是构成汉语音节的一个要素，每个音节除了声母和韵母外，还要有一个声调。声调具有区别意义的作用，如随着声调的变化，hua 的意义就完全不同，可以是 huā（花），也可以是 huá（华）、huà（化）。所以，声调是构成音节非常重要的成分，一个音节没有标上声调，这个音节就毫无意义，好像一个人没有生命。

普通话中共有阴平、阳平、上声和去声 4 个声调。

阴平	阳平	上声	去声
—	/	V	\

声调符号标在音节的主要母音上，轻声不标。例如：

妈 mā	麻 má	马 mǎ	骂 mà	吗 ma
（阴平）	（阳平）	（上声）	（去声）	（轻声）

（三）隔音符号

以 a、o、e 开头的音节连接在其他音节后面的时候，如果音节的界限发生混淆，用隔音符号（'）隔开，例如 pi'ao(皮袄)。

【知识拓展】

普通话语音的特点

（1）有声调。普通话最突出的一个特点就是有声调。现代汉语普通话的每个音节都有一个声调，声调不同，意义就不同。声调使音节之间界限分明，并具有韵律美。

（2）元音占优势。除个别音节外，普通话音节中一定有元音，最少 1 个，最多 3 个。一般来说，一个音节如果只有一个音素，那么这个音素就是元音，如“e（鹅）”、“a（啊）”等音节。由于元音占优势，因此普通话里乐音的成分多，说起来响亮悦耳。

（3）没有复辅音。普通话里有的音节没有辅音，如“ai（爱）”、“ya（鸭）”等音节。在有辅音的音节中，辅音最多不超过两个，一个出现在音节的开头充当声母，一个出现在音节的末尾充当韵尾，如“zhuan（专）”、“nian（年）”等，因为中间始终有元音充当的韵腹存在，所以，普通话中没有一个音节内部有两个或更多辅音相连的复辅音。

【学以致用】

1. 拉长音节慢读下列词语，体会发音器官在发音中的作用。

自私　机器　知识　（体会舌头的移动变化）
寓意　演员　抑郁　（体会嘴唇的圆展变化）
阿姨　大地　爬坡　（体会开口度大小的变化）

2. 慢读下列词语，体会音节发声过程中发音器官的松紧变化。

只言片语　自言自语　风言风语　少言寡语　豪言壮语　三言两语

3. 比较下列音节的读音，体会声母、韵母、声调的辨义作用。

扒　趴　妈　发　（体会声母的作用）

答　德　敌　独　（体会韵母的作用）

郭　国　裹　过　（体会声调的作用）

第二课　声母

【应知导航】

（1）掌握 21 个声母的发音。

（2）区分翘舌音与平舌音。

（3）区分鼻音与边音。

（4）区分唇齿音与舌面后音。

【知识探究】

一、声母概述

声母是汉语音节中开头的辅音。普通话的声母一共有 21 个，如果音节的开头不是辅音，就叫它零声母音节。

（一）声母的发音

声母的不同是由发音部位和发音方法的不同所决定的。学习声母必须了解声母的发音部位和发音方法。

1. 声母的发音部位

发音部位是指发音时，气流受到阻碍的位置。按发音部位，普通话声母可以分为以下 7 类。

- 双唇音：发音时由上下唇阻碍、阻塞气流而形成的音。如 b、p、m：bǎobèi（宝贝)、píngpàn（评判）、mǎnmiàn（满面）。

• 唇齿音：发音时由上齿和下唇接近而阻塞气流而形成的音。如 f：fāngfǎ（方法）。

• 舌尖前音：发音时由舌尖抵住或接近齿背阻碍气流而形成的音。如 z、c、s：zàngzú（藏族）、cáncún（残存）、sèsù（色素）。

• 舌尖中音：发音时由舌尖抵住上齿龈阻碍气流而形成的音。如 d、t、n、l：dàodé（道德）、tǎntè（忐忑）、nǎonù（恼怒）、lǐlùn（理论）。

• 舌尖后音：发音时由舌尖抵住或接近硬腭前部阻碍气流而形成的音。如 zh、ch、sh：zhǎnzhuǎn（辗转）、chūchāi（出差）、shēngshū（生疏）。

• 舌面音：发音时由舌面前部抵住或接近硬腭前部阻碍气流而形成的音，又称为“舌面前音”。如 j、q、x：jījí（积极）、qíqiǎo（奇巧）、xiǎoxīn（小心）。

• 舌根音：发音时由舌面后部抵住或接近软腭阻碍气流而形成的音，又称为“舌面后音”。如 g、k、h：gāoguì（高贵）、kēkè（苛刻）、huānhū（欢呼）。

2. 声母的发音方法

发音器官在口腔里形成阻碍的方式不相同，气流通过时克服阻碍的方法也不一样，把辅音发音时发音器官形成阻碍和克服阻碍的方法叫做“发音方法”。可以从形成阻碍的方式、气流的强弱和声带是否颤动三方面看声母的发音方法。

（1）阻碍方式。辅音的发音过程一般可以分为 3 个阶段：构成阻碍的阶段（成阻）、阻碍持续阶段（持阻）和阻碍解除阶段（除阻），根据这种情况，可以把普通话声母分为塞音、擦音、塞擦音、鼻音和边音 5 类，如表 2－1 所示。

表 2－1　普通话声母分类

发音方法 \ 发音部位			双唇	唇齿	舌尖中	舌根	舌面	舌尖后	舌尖前
塞音	不送气	清	b		d	g			
	送气	清	p		t	k			
塞擦音	不送气	清					j	zh	z
	送气	清					q	ch	c
擦音		清		f		h	x	sh	s
		浊						r	
鼻音		浊	m		n	(ng)			
边音		浊			l				

具体发音方法如下。

• 塞音：塞音又称爆破音，发音时阻碍气流的两个部分完全闭塞，挡住气流，然后又突然放开，气流冲破阻碍，爆发成音。塞音有 b、p、d、t、g、k。

• 擦音：发音时发音部位接近，留出一条窄缝，气流从窄缝中冲出，摩擦成声。擦音有 f、h、x、sh、r、s。

• 塞擦音：发音时阻碍气流的部位先完全闭塞，挡住气流，然后打开形成窄缝，气流从窄缝中摩擦而出，这种发音方法可以视为塞音和擦音两种方法的结合。塞擦音有 j、q、x、zh、ch、z、c。

• 鼻音：发音时，口腔中的发音部位完全闭塞，软腭下降，气流从鼻腔通过，并振动声带。鼻音有 m 和 n。

• 边音：发音时舌尖抵住上齿龈，形成阻碍，然后舌尖的两边松弛下垂，气流振动声带而从舌尖两边流出。边音只有一个 l。

（2）气流的强弱。普通话声母中塞音、塞擦音发音时，口腔呼出的气流比较强的叫做送气音，有 p、t、k、q、ch、c 6 个；口腔呼出的气流比较弱的叫做不送气音，有 b、d、g、j、zh、z 6 个。

（3）声带的振动与否。发音时声带振动的是浊音，声带不振动的是清音。浊音有 m、n、l、r 4 个；清音有 b、p、f、z、c、s、d、t、zh、ch、sh、j、q、x、g、k、h 17 个。

（二）声母的本音和名称音（呼读音）

普通话语音的声母多数是由清辅音充当，它们的本音不响亮，不容易听清楚，为了教学的方便，《汉语拼音方案》根据注音字母的传统读音，在声母的后面加上一个响亮的元音来呼读，这就是声母的名称音，又叫做呼读音。

（1）b、p、m、f 加元音 o，呼读音为 bo、po、mo、fo。

（2）d、t、n、l 加元音 e，呼读音为 de、te、ne、le。

（3）g、k、h 加元音 e，呼读音为 ge、ke、he。

（4）zh、ch、sh、r 加元音-i（后），呼读音为 zhi、chi、shi、ri。

（5）z、c、s 加元音-i（前），呼读音为 zi、ci、si。

（6）j、q、x 加元音 i，呼读音为 ji、qi、xi。

（三）声母发声要领

1. 双唇音 b、p、m

双唇音指上唇与下唇接触形成阻碍而发出的辅音，共有 3 个。例如“爸爸”、“婆婆”、“妈妈”3 个词的声母分别是 b、p、m，它们发音都有一个共同点，即先双唇紧闭，然后积蓄气流。b 和 p 在除去阻碍时气流从口腔中出来，它们的区别在于是否送气，b 在除去阻碍时气流较弱，p 在除去阻碍时气流较强。m 与 b、p 的区别是在除去阻碍时气流从鼻腔中出来。

2. 唇齿音 f

唇齿音指上齿和下唇接触形成阻碍而发出的一种辅音，普通话语音中只有 1 个 f，如“夫妇”一词的声母，发音时上齿轻轻接触下唇，不要紧咬，中间留有缝隙，气流从唇齿间的缝隙摩擦而出，声带不颤动。

3. 舌尖中音 d、t、n、l

舌尖中音指舌尖接触上齿龈形成阻碍而发出的辅音，共有 4 个。例如“等待”、“天天”、“牛奶”“历历” 4 个词的声母分别是 d、t、n、l，它们发音时都是舌尖抵住上齿龈，然后积蓄气流。d 和 t 发音时，当口腔中的气流积蓄到一定程度后，舌尖迅速离开上齿龈，气流从舌尖和上齿龈中间迸发而出。d 和 t 的区别在于是否送气，d 在除去阻碍时气流较弱，t 在除去阻碍时气流较强。发 n 时，声带颤动，气流从鼻腔中出来。发 l 时，在舌尖抵住上齿龈的同时，舌头两边要放松，气流从舌头两边出来，声带颤动。

4. 舌根音 g、k、h

舌根音是舌根和软腭接触或靠近形成阻碍而发出的辅音，共有 3 个。例如“哥哥”、“苛刻”、“缓缓” 3 个词的声母分别是 g、k、h，前两个词发音时都是舌头后缩，舌根隆起接触软腭，然后积蓄气流，当气流积蓄到一定程度后，舌根迅速离开软腭，气流从舌根和软腭之间迸发而出，发音时声带不颤动。g 和 k 的区别在于是否送气，g 在除去阻碍时气流较弱，k 在除去阻碍时气流较强。声母 h 在发音时舌头先后缩，舌根隆起与软腭靠近，中间留缝隙，除去阻碍时气流从舌根与软腭之间的缝隙中摩擦而出，发音时声带不颤动。

5. 舌面音 j、q、x

舌面音是舌面前部与硬腭前部接触或靠近形成阻碍而发出的辅音，共有 3 个。例如“经济”、“轻轻”、“谢谢” 3 个词的声母分别是 j、q、x，前两个词发音时舌尖先放松，舌面前端隆起抵住硬腭前部，然后积蓄气流，当气流积蓄到一定程度后，在舌面和硬腭互相接触的部位松开一条缝隙，气流从这条缝隙中摩擦而出，发音时声带不颤动。j 和 q 的区别在于是否送气，j 在除去阻碍时气流较弱，q 在除去阻碍时气流较强。声母 x 发音时舌尖先放松，舌面前端隆起靠近硬腭前部，中间留缝隙，软腭抬起，堵住鼻腔通道，除去阻碍时气流从缝隙中摩擦而出，发音时声带不颤动。

6. 舌尖后音 zh、ch、sh、r

舌尖后音是舌尖翘起与硬腭前部形成阻碍而发出的辅音，共有 4 个。例如“真正”、“常常”、“实施”、“仍然” 4 个词的声母分别是 zh、ch、sh、r。zh 和 ch 发音时先把舌尖翘起抵住硬腭前部，然后积蓄气流，当气流积蓄到一定程度后，在舌尖和硬腭接触的部位松开一条缝隙，气流从缝隙中摩擦而出，发音时声带不颤动。zh 和 ch 的区别在于是否送气，zh 在除去阻碍时气流较弱，ch 在除去阻碍时气流较强。sh 和 r 发音时，舌尖翘起靠近硬腭前部，中间留缝隙，软腭抬起，堵住鼻腔通道，除去阻碍时气流从缝隙中摩擦而出。sh 和 r 的区别是清浊，sh 发音时声带不颤动，r 发音时声带颤动。

7. 舌尖前音 z、c、s

舌尖前音是舌尖与上齿背接触形成阻碍而发出的一种辅音，共有 3 个。例如“藏族”、“从此”、“思索”的声母分别是 z、c、s。z 和 c 发音时舌尖平伸，舌尖抵住上齿背，积蓄气流，当气流积蓄到一定程度时，舌尖和上齿背接触的部位松开一条缝隙，气流从缝隙中摩擦而出，发音时声带不颤动。z 和 c 的区别在于是否送气，z 除去阻碍时气流较弱，c 除去阻碍时气流较强。s 发音时舌尖平伸，舌尖靠近上齿背，中间留缝隙，除去阻碍时气流从缝隙中摩擦而出，发音时声带不颤动。

（四）零声母

在普通话里有一些音节没有声母，只有韵母独立成音节，这些音节可以分为以下 4 类。

（1）韵母 i 或以 i 开头的韵母自成音节，如 yī（衣）、yá（芽）、yǎng（仰）等。

（2）韵母 u 或以 u 开头的韵母自成音节，如 wū（屋）、wèi（胃）、wǎng（网）等。

（3）韵母 ü 或以 ü 开头的韵母自成音节，如 yú（鱼）、yuàn（院）、yùn（韵）等。

（4）没有 i、u、ü 开头的韵母自成音节，如 ài（爱）、ān（安）、è（饿）等。

通过仔细观察，可以发现，它们开头的部分往往有一点轻微摩擦的成分，这些轻微的摩擦音不具备元音的发音特点，也不同于辅音，一般用半元音来描述，表示这些音节前面也有一个类似声母的成分，可以称其为“零声母”。一般认为普通话语音 21 个声母之外还有一个零声母。

二、声母辨正

（一）读准 z、c、s 和 zh、ch、sh

在很多方言区中，“粗布”（cūbù）和“初步”（chūbù）、“散光”（sǎnguāng）和“闪光”（shǎnguāng）、“深林”（shēnlín）和“森林”（sēnlín）是分不清楚的，但在普通话语音中是区分的，而在一些方言区中是部分不区分。

在通常情况下，因为 zh、ch、sh 发音时舌尖向上翘起，称为“翘舌音”；而 z、c、s 发音时舌尖平伸，称为“平舌音”。要区分两者，首先要熟悉它们各自的发音。发 zh、ch、sh 音时，舌尖要翘起来，对准（抵住或接近）硬腭前部；发 z、c、s 音时，舌尖不翘，对准（抵住或接近）上齿背。

可以区分下列词语的差别。

从来—重来　五岁—午睡　资助—支柱　栽花—摘花　木材—木柴

如果稍微注意一下的话，上述词语的区别还是很明显的，容易读错的还有如哨所、自制、生死、自尊、查处、上司、财产、磁场、职责等词语。

除了注意两组发音的区别之外，还可以利用一些规律来识别和记忆，可以利用汉字结构关系来帮助记忆，如在“宗”构成的“宗、棕、踪、粽、崇”等系列字中，除“崇”是翘舌音外，其余都是平舌音。此外，还可以借助声韵配合规律来帮助记忆，如和“ua、uai、uang”相拼的“抓、刷、帅、庄、窗”等字都是翘舌音，没有平舌音。

1. 读音训练

振作 zhènzuò	正宗 zhèngzōng	赈灾 zhènzāi
沼泽 zhǎozé	杂志 zázhì	栽种 zāizhòng
差错 chācuò	陈醋 chéncù	成材 chéngcái
除草 chúcǎo	财产 cáichǎn	采茶 cǎichá
上司 shàngsī	哨所 shàosuǒ	生死 shēngsǐ
散失 sànshī	扫射 sǎoshè	宿舍 sùshè

2. 辨音训练

自 zì 愿—志 zhì 愿	鱼刺 cì—鱼翅 chì	私 sī 人—诗 shī 人
粗 cū 布—初 chū 步	姿 zī 势—知 zhī 识	宗 zōng 旨—中 zhōng 止
近似 sì—近视 shì	搜 sōu 集—收 shōu 集	增 zēng 订—征 zhēng 订
支 zhī 援—资 zī 源	主 zhǔ 力—阻 zǔ 力	商 shāng 业—桑 sāng 叶
申诉 sù—申述 shù	八成 chéng—八层 céng	树 shù 立—肃 sù 立

3. 绕口令

44个字和词，组成了一首子、词、丝的绕口词。

桃子李子梨子和栗子，栽满院子村子和寨子。

斧子锯子锤子和刨子，做出桌子椅子和箱子。

名词动词数词和连词，组成语词诗词和唱词。

蚕丝生丝缫丝和纺丝，制成粗丝细丝人造丝。

知道说知道，不知道说不知道，不要知道说不知道，也不要不知道说知道，说话要老老实实，办事要实事求是。

（二）读准 n 和 l

在普通话中，n 和 l 有严格的区分，在很多方言区中却存在不同程度的混淆，如湘方言、赣方言、闽方言以及西南官话等。要区分两者，首先要熟记它们各自的发音。

n 发音时，舌尖抵住上齿龈，软腭下降，打开鼻腔通路，气流振动声带，从鼻腔通过，如“能力”、“努力”等。

l 发音时，舌尖抵住上齿龈，软腭上升，阻塞鼻腔通路，气流振动声带，从舌头两边通过，如“乐观”、“嘹亮”等。

还可以用捏鼻孔的方法来区分，如果捏住鼻孔发音困难的就是 n 音，发音并不感觉困难的就是 l 音。

1. 读音训练

牛奶 niúnǎi	恼怒 nǎonù	农奴 nóngnú	奶奶 nǎinai	力量 lìliàng
流利 liúlì	利率 lìlǜ	努力 nǔlì	能力 nénglì	老年 lǎonián
辽宁 liáoníng	哪里 nǎli	理念 lǐniàn		

2. 辨音训练

南宁 nánníng—兰陵 lánlíng	难 nán 住—拦 lán 住	恼怒 nǎonù—老路 lǎolù
牛 niú 黄—硫 liú 磺	蓝 lán 布—南 nán 部	水牛 niú—水流 liú
烂泥 ní—烂梨 lí	褴褛 lánlǚ—男女 nánnǚ	

3. 绕口令

树上有梨，地上有泥，风吹梨摇梨落地，梨摇落地梨沾泥。

牛牛拉着大牛走，妞妞牵着小牛遛，六头牛，牛六头，牛牛妞妞都爱牛。

（三）读准 r

声母 r 发音上常见的问题有以下类。

第一，混读了 zh、ch、sh 和 z、c、s，把要翘舌的 r 读成了平舌音。

第二，把 r 读成了 l。

第三，把 r 开头的音节读成以 i 或 ü 开头的声母音节。

1. 读音训练

仍然 réngrán　　容忍 róngrěn　　软弱 ruǎnruò　　柔软 róuruǎn

扰乱 rǎoluàn　　人类 rénlèi　　蜡染 làrǎn　　冷热 lěngrè

任用 rènyòng　　日晕 rìyùn　　炎热 yánrè　　妖娆 yāoráo

2. 辨音训练

柔 róu 道—楼 lóu 道　扰 rǎo 人—老 lǎo 人　燃 rán 料—颜 yán 料　日 rì 历—毅 yì 力

3. 绕口令

老饶下班去染布，染出布来做棉褥，楼口有人拦住路，只许出来不许入，如若急着做棉褥，明日上午送来布，离开染店去买肉，回家热锅炖豆腐。

小姚绕小桥，小桥绕小姚，桥绕小姚绕，绕桥绕小姚，小姚小桥绕，绕桥小姚笑。

（四）读准 f 和 h

f 和 h 在很多方言区中都有混淆。厦门话把普通话中 f 声母的字，读成其他声母；上海浦东话则把普通话中 f 声母的字，一部分读成了 h 声母；重庆话把普通话中 h 声母的字，一部分读成 f，还有 f、h 两读的，如长沙话，混淆情况相当复杂。f 和 h 相混的原因在于读 f 时抬高了舌根，读 h 时唇齿参与了发音。不少 f 和 h 不分的人单念 f 或 h 时很正确，只是在读词语、句子时，因为发音动作来不及转换而发生相混现象，这在读绕口令时尤其突出。为了分清 f 和 h，就要有意识地把两者放在一起练习，锻炼发音器官的灵活性。

f 和 h 都是清擦音，f 是上唇和下唇形成阻碍，h 是舌面后部和软腭形成阻碍。利用声旁类推是比较好的办法，如普通话语音 f 不和 u 开头的韵母相拼，除 fu、hu 相混淆外，其他都可以确定读 h。

1. 读音训练

发话 fāhuà　　后悔 hòuhuǐ　　符合 fúhé　　繁华 fánhuá　　化肥 huàféi

后方 hòufāng　　花粉 huāfěn　　辉煌 huīhuáng　　混纺 hùnfǎng　　奋发 fènfā

反悔 fǎnhuǐ　　含混 hánhùn

2. 辨音训练

附 fù 注—互 hù 助　　防 fáng 止—黄 huáng 纸　　舅父 fù—救护 hù

复 fù 员—互 hù 援　　开发 fā—开花 huā　　废 fèi 话—绘 huì 画

黄昏 hūn—黄蜂 fēng　　幅 fú 度—弧 hú 度

3. 绕口令

灰化肥发灰，黑化肥发黑，灰化肥发灰会发挥，黑化肥发黑会挥发。

华华有两朵黄花，红红有两朵红花，华华要红花，红红要黄花，华华送红红一朵黄花，红红送华华一朵红花。

粉红墙上画凤凰，凤凰画在粉红墙，红凤凰，黄凤凰，粉红凤凰花凤凰。

（五）零声母

零声母音节是无辅音声母音节，但由于受到有辅音声母音节的影响，往往在开头元音的前面加上辅音。训练时要注意把元音前的舌根去掉，开口就发元音。

1. 读音训练

阿姨 āyí	安稳 ānwěn	昂扬 ángyáng	藕粉 ǒufěn	呕吐 ǒutù
额外 éwài	而已 éryǐ	恩怨 ēnyuàn	游玩 yóuwán	烟雾 yānwù
婉约 wǎnyuē	无疑 wúyí	文物 wénwù	永远 yǒngyuǎn	
运营 yùnyíng	愿望 yuànwàng			

2. 辨音训练

海岸 àn—海难 nàn	爱 ài 心—耐 nài 心	文 wén 风—门 mén 风
每晚 wǎn—美满 mǎn	日 rì 本—译 yì 本	染 rǎn 病—眼 yǎn 病

3. 绕口令

我是我，鹅是鹅，我不是鹅，鹅不是我，鹅肚饿，我喂鹅，我爱鹅，鹅亲我。

树下有群大白鹅，树上有只小八哥，白鹅说，小八哥，快唱歌；八哥说，大白鹅，快下河，下河一起来唱歌。

（六）读准 j、q、x 和 z、c、s

在一些方言区中，人们常常把 j、q、x 发成 z、c、s，将声母 j、q、x 与 i、ü 相拼的发音发成 z、c、s 与 i、ü 相拼的音，也就是将团音发成尖音。产生这种错误的主要原因在于人们在发音时成阻、除阻的部位太靠近舌尖，发出的音带有舌尖音的感觉。

1. 辨正练习

简介 jiǎnjiè	将军 jiāngjūn	积极 jījí	家具 jiājù
渐进 jiànjìn	侵权 qīnquán	祈求 qíqiú	细小 xìxiǎo
选秀 xuǎnxiù	休闲 xiūxián	想象 xiǎngxiàng	缉私 jīsī
集资 jízī	其次 qícì	下策 xiàcè	戏词 xìcí

2. 绕口令

司机买雌鸡，仔细看雌鸡，四只小雌鸡，叽叽好欢喜，司机笑嘻嘻。

精致不是经济，组织不是举机，把不直念成不急，秩序就会变成继续。

（七）读准清声母和浊声母

清声母发音时声带不振动，浊声母发音时声带要振动。普通话里只有 m、n、l、r 4 个浊声母，而吴方言和湘方言的部分地区除了 m、n、l、r 外还有浊塞音、浊擦音和浊塞擦音声母。这些方言区的人学习普通话时，要把这些浊声母改成发音部位相同的清声母；声调是平声的字，要改成送气清声母，如 p、t、k、q、ch、c 等；声调是仄声的，要改成不送气的清声母，如 b、d、g、j、zh、z 等。

1. 辨正练习

童话 tónghuà	动画 dònghuà	评价 píngjià	病假 bìngjià

厨房 chúfáng　　住房 zhùfáng　　水田 shuǐtián　　水电 shuǐdiàn
逼迫 bīpò　　车站 chēzhàn　　查证 cházhèng　　特定 tèdìng

2. 绕口令

八百标兵奔北坡，炮兵并排北边跑。炮兵怕把标兵碰，标兵怕碰炮兵炮。
吃葡萄不吐葡萄皮，不吃葡萄倒吐葡萄皮。

【知识拓展】

说明：表中的①②③④分别指阴平、阳平、上声和去声4种声调。

（1）声母zh、ch、sh和z、c、s常用字辨音字表（见表2-2至表2-4）。

表2-2　声母zh-z常用字辨音字表

	zh	z
a	①扎（驻~）渣②闸铡扎（挣~）札（信~）③眨④乍炸榨蚱栅	①扎（包~）匝②杂砸
e	①遮②折哲辙③者④蔗浙这	②泽择责则
u	①朱珠株蛛诸猪②竹烛逐③主煮嘱④注蛀住柱驻贮祝铸筑箸	①租②族足卒③组阻祖
-i	①之芝支枝肢知蜘汁只织脂②直植殖值执职③止址趾旨指纸只④至窒致志治质帜挚掷秩置滞制智稚痔	①兹滋孳姿咨资孜龇缁辎③子仔籽梓滓紫④字自恣渍
ai	①摘斋②宅③窄④寨债	①灾哉栽③宰载④再在载（~重）
ei		②贼
ao	①昭招朝②着③找爪沼④召照赵兆罩	①遭糟②凿③早枣澡④造皂灶躁燥
ou	①州洲舟周粥②轴③帚肘④宙昼咒骤皱	①邹③走④奏揍
ua	①抓	
uo	①桌捉拙②卓着酌灼浊镯啄琢	①作（~坊）②昨③左④坐座作柞祚做
ui	①追锥④缀赘坠	③嘴④最罪醉
an	①沾毡粘③盏展斩④占战站栈绽蘸	①簪②咱③攒④赞暂
en	①贞侦祯桢真③诊疹枕缜④振震阵镇	③怎
ang	①张章樟彰③长掌涨④丈仗杖帐账涨瘴障	①赃脏（肮~）④葬藏脏
eng	①正（~月）征争睁挣筝③整拯④正政症证郑	①曾憎增缯④赠
ong	①中盅忠钟衷终③肿种（~子）④中（打~）种（~植）仲重众	①宗踪棕综鬃③总④纵粽
uan	①专砖③转④传转（~动）撰篆赚	①钻（~研）③纂④钻（~石）
un	③准	①尊遵
uang	①庄桩装妆④壮状撞	

▼表 2-3　声母 ch-c 辨音字表

	ch	c
a	①叉杈插差（～别）②茶搽查察③衩④岔诧差（～劲）杈（树～）	①擦嚓
e	①车③扯④彻撤掣	④册策厕侧测
u	①出初②除厨橱锄躇刍雏③楚础杵储处（～分）④畜触矗处	①粗④卒猝促（仓～）醋簇
-i	①吃痴嗤②池弛迟持匙③尺齿耻侈豉④斥炽翅赤叱	①疵差（参～）②雌辞词祠瓷慈磁③此④次伺刺赐
ai	①差拆钗②柴豺	①猜②才财材裁③采彩踩④菜蔡
ao	①抄钞超②朝潮嘲巢③吵炒	①操糙②曹漕嘈槽③草
ou	①抽②仇筹畴踌绸稠酬愁③瞅丑④臭	④凑
uo	①踔戳④绰（～号）惙辍啜	①搓蹉撮④措错挫锉
uai	③揣④踹	
ui	①吹炊②垂锤捶槌	①崔催摧④萃悴淬翠粹瘁脆
an	①搀掺②蝉禅谗馋潺缠蟾③铲产阐④忏颤	①餐参②蚕残惭③惨④灿
en	①琛嗔②辰晨宸沉忱陈臣④趁衬称（相～）	①参（～差）②岑
ang	①昌猖娼伥②常嫦尝偿场肠长③厂场敞④倡唱畅怅	①仓苍舱沧②藏
eng	①称撑②成诚城盛（～水）呈程承乘澄橙惩③逞骋④秤	②曾层④蹭
ong	①充冲舂②重虫崇③宠④冲（～压）	①匆葱囱聪②从丛淙
uan	①川穿②船传椽③喘④串钏	①蹿④窜篡
un	①春椿②唇纯淳醇③蠢	①村②存③忖④寸
uang	①窗疮创（～伤）②床③闯④创（～造）	

▼表 2-4　声母 sh-s 辨音字表

	sh	s
a	①沙纱砂痧杀杉③傻④煞厦（大～）	①撒③洒撒（～种）④卅萨飒
e	①奢赊②舌蛇③舍（～弃）④社舍射麝设摄涉赦	④塞（～责）瑟啬穑（稼～）色（～彩）涩
u	①书梳疏蔬舒殊叔淑输抒纾枢②孰熟塾赎③暑署薯曙鼠数属黍④树竖术述束漱恕数	①苏酥②俗④素塑诉肃粟宿速
-i	①尸师狮失施诗湿虱②十什拾石时识实食蚀③史使驶始屎矢④世势誓逝市示事是视室适饰士氏恃式试拭轼弑	①司私思斯丝鸶③死④四肆似寺
ai	①筛④晒	①腮鳃塞④塞（要～）赛
ao	①捎稍艄烧②勺芍杓韶③少（多～）④少（～年）哨绍邵	①臊骚搔③扫（～除）嫂④扫（～帚）臊（害～）
ou	①收②熟③手首守④受授寿售兽瘦	①艘嗖飕搜艘馊③叟擞④嗽

续表

	sh	s
ua	①刷③耍	
uo	①说④硕烁朔	①缩娑蓑梭唆③所锁琐索
uai	①衰③甩④帅率蟀	
ui	②谁③水④税睡	①虽尿（～泡）②绥隋随③髓④岁碎穗隧燧遂
an	①山舢删衫珊姗跚③闪陕④扇善膳缮擅赡	①三叁③伞散（～文）④散
en	①申伸呻身深参（人～）②神③沈审婶④慎肾甚渗	①森
ang	①商墒伤③晌垧赏④上尚	①桑丧（～事）③嗓④丧
eng	①生牲笙甥升声②绳③省④圣胜盛剩	①僧
ong		①松③悚④送宋颂诵
uan	①闩拴栓④涮	①酸④算蒜
un	④顺	①孙③笋损
uang	①双霜③爽	

（2）声母n、l、r常用字辨音字表（见表2-5）。

表2-5　声母n、l、r常用字辨音字表

	n	l	r
a	①那②拿③哪④那纳呐捺钠	①拉啦垃邋③喇④辣剌瘌蜡腊落	
ai	③乃奶④奈耐	②来④赖癞	
an	②难男南楠④难	②兰栏篮蓝婪阑谰③懒览揽榄缆④烂滥	②然燃③染
ang	②囊	①啷②狼郎廊榔螂琅③朗④浪	③嚷④让
ao	②挠蛲铙③脑恼④闹	①捞②劳痨牢③老姥④涝烙酪	②饶③扰④绕
e	呢（轻声）	①勒④乐 了（轻声）	③惹④热
ei	③馁④内那	①勒②雷擂镭③累（～进）垒儡蕾④累类泪肋	
en	④嫩		②人仁③忍④认任纫
eng	②能	②棱③冷④愣	①扔②仍
i	②尼泥呢霓③你拟④腻匿溺逆	②离篱璃厘狸黎犁梨蜊③礼里理鲤李④粒例立力历沥荔丽	④日
ia		③俩	
ian	①蔫拈②年粘鲇黏③撵捻碾④念	②怜连莲联帘廉镰③脸④炼链练恋敛殓	
iang	②娘④酿	②良凉梁粮量③两④亮晾谅辆量	
iao	③鸟袅④尿	①撩②辽疗僚潦燎嘹聊寥③了④料廖	

续表

	n	l	r
ie	①捏④聂蹑镊镍孽啮	③咧④列烈裂劣猎冽洌	
in	②您	②邻鳞麟林淋琳临磷③凛檩④吝蔺赁	
ing	②宁拧柠咛凝③拧④宁泞佞拧	②零灵龄伶蛉铃玲羚聆凌陵菱③岭领④令另	
iu	①妞②牛③扭忸纽拗	①溜②刘流琉硫留榴瘤③柳绺④六镏陆	
ong	②农浓脓④弄	②龙咙聋笼隆窿③垄拢陇④弄（～堂）	②容溶熔绒戎融
ou		①搂②楼喽耧③搂篓④陋漏露	②柔揉蹂④肉
u	②奴③努④怒	②卢庐炉芦轳颅③卤虏鲁橹④碌陆路赂鹭露（～水）录鹿辘绿（～林）	②如蠕儒③乳辱④入褥
uan	③暖	②滦孪③卵④乱	③软
ui		④锐瑞	
un		①抡②仑伦沦轮④论	④闰润
uo	②挪④懦诺糯	①捋②罗萝逻箩锣螺骡③裸④落洛络骆	④若偌弱
ü	③女	②驴③吕侣铝旅屡履缕④虑滤律率（效～）氯绿	
üe	④虐	④略掠	

（3）声母f、h声旁类推字表（见表2-6）。

▼表2-6　声母f、h声旁类推字表

	f	h
a	①发②伐阀筏罚乏③法④发	①哈
ai		①咳嗨②还③海④害
an	①帆翻番②烦繁樊凡矾③反返④饭贩泛范犯	①憨酣②寒含函涵③喊罕④汗旱捍焊憾
ang	①方芳②防妨房肪③仿访纺④放	②行航
ao		②豪毫壕③好④耗号好浩
e		①呵喝②核禾和合河何盒荷④贺鹤赫褐
ei	①非菲啡扉飞②肥③斐翡诽匪④沸费废痱肺	①嘿黑
en	①分芬吩纷②坟焚③粉④分份忿粪奋愤	②痕③狠很④恨
eng	①丰封风枫疯峰烽锋蜂②缝③讽④缝奉凤	②横衡④横
ong		①哄（～动）烘轰②红虹鸿洪宏③哄（～骗）④哄（起～）讧（内～）
ou	③否	①齁②喉③吼④厚候后
u	①夫肤麸敷孵②芙扶符弗拂佛伏茯袱孚俘浮幅福辐蝠服③斧釜府俯腑腐甫辅④父付附傅缚复腹馥覆副富赋负妇咐	①呼忽惚②胡湖葫糊蝴弧狐壶③虎唬④户沪护戽
ua		①花哗②划滑华哗铧④化华话画划

续表

	f	h
uan		①欢②还环寰③缓④患幻涣换唤焕痪
uang		①荒慌②皇凰惶徨蝗黄璜簧③谎晃恍幌④晃（~动）
uai		②槐徊怀淮④坏
ui		①灰恢诙挥辉徽②回茴蛔③毁悔④会绘烩诲晦惠蕙汇贿讳慧荟
un		①昏阍婚荤②浑混馄魂④混诨
uo		①豁②活③火伙④获祸或惑货霍

【学以致用】

1. 朗读下列诗歌。

蜂

罗隐

不论平地与山尖，无限风光尽被占。
采得百花成蜜后，为谁辛苦为谁甜？

绝句

杜甫

两个黄鹂鸣翠柳，一行白鹭上青天。
窗含西岭千秋雪，门泊东吴万里船。

赠汪伦

李白

李白乘舟将欲行，忽闻岸上踏歌声。
桃花潭水深千尺，不及汪伦送我情。

鹿砦

王维

空山不见人，但闻人语响。
返景入深林，复照青苔上。

2. 用普通话朗读短文。

那天，苏厂长与我结算完尼龙面料款，我们去了一家火锅店，商讨下一步合作事宜。这家火锅店味道正宗，正值进餐高峰，座无虚席。入座后苏厂长感到热，顺手把身上的西装脱下来，套在椅子靠背上。

食客多，邻桌间显得拥挤。地面滑，传菜生端着满满一盆火锅底汤，脚底一滑，一个趔趄，溅出的汤不偏不倚地洒在苏厂长的西装上。

传菜生脸吓得惨白，领班赶来，忙不迭地道歉，说照价全赔，我们这桌免单。苏厂长性情柔和，轻言细语地抱怨："怎么会这样呢?"领班自责道："以前也发生过这种事，如果有一种专门的西装套就好了。"苏厂长好像忘记了"索赔"，喃喃自语："西装套，套西装。有了，就用我生产的尼龙面料做成服装套，就能避免这种尴尬了。"

随之，苏厂长和火锅店老板谈开了生意。他言明，向店里按每条6元供应200条西装套，抵西装赔款。双方握手，相视一笑，达成协议。

半月余，苏厂长如数带来大中小3个尺码、6种颜色有拉链的西装套，胸口处开了个透明的小窗口，摸上去质地柔软，散发出淡淡的香味。更让火锅店老板惊喜的是，细心的苏厂长还在西装套上印了店徽。如果赠送出去，能加深顾客对店里的印象。老板不仅照单全收，还把开酒店和做餐饮的朋友介绍给苏厂长。自有了这个服务上的"小配件"，火锅店的生意更旺了。随后，很多大酒店和酒楼均给顾客的服装套上套，还成了饭店、饭馆的一道服务程序。由此苏厂长正式转产做服装套，掘得了满满的一桶金。

节选自刘卫《"套"来的财富》

第三课 韵母

应知导航

（1）掌握单元音韵母的发音。
（2）掌握复元音韵母的发音。
（3）掌握鼻元音韵母的发音。
（4）区分前后鼻音韵母。

知识探究

一、韵母概述

韵母是指音节中声母后面的部分，如"话"（huà），h是声母，ua是韵母。零声母音节，没有声母，全部由韵母组成，如"爱"（ài）没有声母，ai是韵母。

在普通话中，韵母一共有39个。韵母和元音并不相等。普通话中的韵母主要由元音组

成，完全由元音组成的有 23 个，占韵母的 59%，由元音加上辅音构成的韵母（鼻韵母）有 16 个，约占韵母的 41%。在普通话韵母中，元音占有绝对的优势。

普通话中的韵母主要由元音构成，元音发音比较响亮，与辅音声母相比，韵母没有呼读音。

韵母可以按不同的标准进行分类：根据韵母开头元音的发音口型，可以分为开口呼、齐齿呼、合口呼和撮口呼，简称“四呼”；根据韵母的结构，可以分为单元音韵母、复元音韵母和带鼻音韵母，如表 3－1 所示。

▼表 3－1　普通话韵母总表

	开口呼	齐齿呼	合口呼	撮口呼
单元音韵母	-i	i	u	ü
	a	ia	ua	
	o		uo	
	e			
	ê	ie		üe
	er			
复元音韵母	ai		uai	
	ei		uei	
	ao	iao		
	ou	iou		
带鼻音韵母	an	ian	uan	üan
	en	in	uen	ün
	ang	iang	uang	
	eng	ing	ueng	
	ong	iong		

（一）四呼

1. 开口呼

开口呼指不是 i、u、ü 或不是以 i、u、ü 开头的韵母。开口呼韵母有 a、o、e、ê、er、-i（前）、-i（后）、ao、ai、ou、ei、an、en、ang、eng 15 个。

2. 齐齿呼

齐齿呼指 i 或以 i 开头的韵母。齐齿呼韵母有 i、iao、iou、ia、ie、ian、in、iang、ing 9 个。

3. 合口呼

合口呼指 u 或以 u 开头的韵母。合口呼韵母有 u、uai、uei、ua、uo、uan、uen、ong、uang、ueng 10 个。

4. 撮口呼

撮口呼指 ü 或以 ü 开头的韵母。撮口呼韵母有 ü、üe、üan、ün、iong 5 个。

（二）单元音韵母、复元音韵母和带鼻音韵母

1. 单元音韵母

单元音韵母是指由一个元音构成的韵母，简称单韵母。根据元音的性质，单元音韵母又可以分为舌面元音单韵母、卷舌元音单韵母和舌尖元音单韵母。

（1）舌面元音单韵母：指由舌面元音构成的单韵母，有 ɑ、o、e、ê、i、u、ü 7 个。

（2）卷舌元音单韵母：指由卷舌元音构成的单韵母，只有 er 1 个。

（3）舌尖元音单韵母：指由舌尖元音构成的单韵母，有-i（前）、-i（后）2 个。

2. 复元音韵母

复元音韵母是指由 2 个或 3 个元音构成的韵母，简称复韵母，包括 ɑo、ɑi、ou、ei、iɑo、iou、uɑi、uei、iɑ、ie、uɑ、uo、üe 13 个复韵母，每个复韵母各音素的发音并不完全相同，其中会有一个比较响亮，发得比较响亮的元音叫做响元音，根据响元音在韵母中的位置，复元音又可分为前响复韵母、中响复韵母和后响复韵母。

（1）前响复韵母：指响元音处在最前面的复韵母，有 ɑo、ɑi、ou、ei 4 个。

（2）中响复韵母：指响元音处在中间的复韵母，有 iɑo、iou、uɑi、uei 4 个。

（3）后响复韵母：指响元音处在后面的复韵母，有 iɑ、ie、uɑ、uo、üe 5 个。

3. 鼻韵母

鼻韵母是指带有鼻辅音的复韵母、又叫做鼻音尾韵母、可以分为前鼻音鼻韵母和后鼻音鼻韵母。

（1）前鼻音鼻韵母：指带舌尖中、浊、鼻音 n 的鼻韵母、有 ɑn、en、iɑn、in、uɑn、uen、üɑn、ün 8 个。

（2）后鼻音鼻韵母：指带舌面后、浊、鼻 ng 的鼻韵母、有 ɑng、ing、ong、eng、iɑng、iong、uɑng、ueng 8 个。

（三）韵母的结构

有的韵母由韵头、韵腹和韵尾组成。韵腹是韵母的主干部分，也叫做主要元音，一般由 ɑ、o、e、ê 充当，i、u、ü、-i、er 也可以做韵腹。韵头是韵腹前面的元音，介于声母和韵腹之间，也叫做介音或介母，一般由 i、u、ü 等元音充当。韵尾是韵腹后面的部分，一般由 i、u、n、ng 等元音或辅音充当。

所有的韵母都有韵腹，但不是所有的韵母都有韵头和韵尾，如“文”（wén）有韵头、韵腹和韵尾，“奥”（ɑo）就只有韵腹和韵尾。

二、韵母的发音

（一）单元音韵母的发音

单元音发音时舌位和唇形及开口度始终不变。发音时，舌头的某一部分会因紧张而隆

起，这个隆起的最高点叫“舌位”，舌位出现在舌面上，这时发出的音叫舌面元音。单元音韵母中有 7 个舌面元音：ɑ、o、e、i、u、ü、e。发音时舌位出现在舌尖上，这时发出的音叫做舌尖元音。单元音韵母中有两个舌尖元音：-i（前）、-i（后）。单元音韵母中还有一个特殊的音 er，在发音时要卷舌，所以叫做卷舌音。口腔开合的程度叫做开口度，舌位可以抬高降低，可伸缩前后，开口度可大可小，唇形可圆可不圆，可以根据这几种情况来看单元音韵母的发音，如图 3-1 所示。

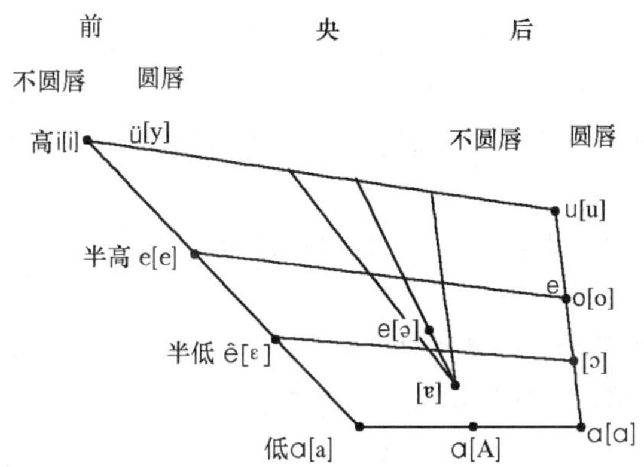

图 3－1 单元音韵母的发音

1. ɑ

舌面元音、央元音、低元音、不圆唇元音（可简称舌面、央、低、不圆唇元音），发音时，口自然大开，舌位低，舌头居中央，唇形不圆，声带振动。例如：

大厦 dàshà 爱戴 àidài 砝码 fǎmǎ 高亢 gāokàng

2. o

舌面、后、半高、圆唇元音，发音时，口半闭，圆唇，舌头后缩，舌尖置于下齿龈后，声带振动。例如：

泼墨 pōmò 馍馍 mómo 婆婆 pópo 磨墨 mómò

3. e

舌面、后、半高、不圆唇元音，发音时，口半闭，舌头后缩，舌尖置于下齿龈后，声带振动，双唇要自然展开。例如：

特色 tèsè 哥哥 gēge 色泽 sèzé 客车 kèchē

4. ê

舌面、前、半低、不圆唇元音，发音时，口半开，舌头前伸，舌头抵住下齿背，唇形不圆，声带振动。例如：

告别 gàobié 麻雀 máquè 省略 shěnglüè 月夜 yùeyè

5. i

舌面、前、高、不圆唇元音，发音时，口微开，唇形呈扁平状，舌头前伸，舌尖抵住下齿背，声带振动。例如：

急剧 jíjù 利弊 lìbì 奇迹 qíjì 机器 jīqì

6. u

舌面、后、高、圆唇元音，发音时，双唇拢圆，留一小孔，舌头后缩，舌尖置于下齿龈后，声带振动。例如：

朴素 pǔsù　糊涂 hútu　读书 dúshū　祝福 zhùfú

7. ü

舌面、前、高、圆唇元音，发音时，口微开，唇形拢圆（接近椭圆），舌头前伸，舌尖抵住下齿背，声带振动。例如：

区域 qūyù　聚居 jùjū　雨具 yǔjù　无语 wúyǔ

8. er

卷舌、央、中、不圆唇元音，发音时，口开，唇形不圆，舌头居中央，舌尖向硬腭卷起。例如：

而且 érqiě　偶尔 ǒuěr　耳朵 ěrduo　儿童 értóng

9. -i（前）

舌尖、前、高、不圆唇元音，发音时口微开，唇形不圆，舌头前伸，舌尖抵住上齿背。si 的发音拉长，拉长部分即-i（前）的读音。例如：

自私 zìsī　刺字 cìzì　字词 zìcí　刺死 cìsǐ

10. -i（后）

舌尖、后、高、不圆唇元音，发音时，口微开，唇形不圆，舌尖翘起，接近硬腭前部，声带振动。shi 的发音拉长，拉长部分即-i（后）的读音。例如：

事实 shìshí　支持 zhīchí　知识 zhīshi　史诗 shǐshī

（二）复元音韵母的发音

复元音韵母有 13 个：ai、ei、ao、ou、ia、ie、ua、uo、ue，由 2 个元音构成，是二合复元音韵母；iao、iou、uai、uei 由 3 个元音构成，是三合复元音韵母。

复韵母的发音是从一个元音的发音状况快速向另一个元音的发音状况逐渐变化的过程，元音之间的发音有主次之分，主要元音清晰响亮，而其他元音含混模糊。

1. 前响复韵母

发音时，前响复韵母前面的元音清晰响亮，后面的元音含混模糊，音值不固定，只表示舌位滑动的方向。例如：

开采 kāicǎi　彩排 cǎipái　配备 pèibèi　违背 wéibèi　高潮 gāocháo　报道 bàodào　守候 shǒuhòu　抖擞 dǒusǒu

2. 中响复韵母

发音时，中响复韵母前面的元音较轻，中间的元音清晰响亮，后面的元音含混模糊，音值不固定，只表示舌位滑动的方向。例如：

巧妙 qiǎomiào　苗条 miáotiao　摔坏 shuāihuài　归队 guīduì　摧毁 cuīhuǐ

3. 后响复韵母

发音时，后响韵母前面的元音较轻，表示舌位滑动的开始，后面的元音清晰响亮。例如：

加价 jiājià　架下 jiàxià　贴切 tiēqiè　斜街 xiéjiē　挂花 guàhuā　耍滑 shuǎhuá　脱落 tuōluò　阔绰 kuòchuò　雀跃 quèyuè　雪月 xuěyuè

三合复元音韵母的整个发音过程可以看成是后响二合复元音韵母和前响二合复元音韵母的有机组合。三合复元音韵母在发音过程中口腔的变化是小—大—小，这个过程一定要完整。

（三）鼻韵母的发音

鼻韵母有 16 个：an、en、ian、in、uan、uen、üan、ün 是前鼻辅音；ang、eng、ong、iang、ing、iong、uang、ueng 是后鼻辅音。

1. 前鼻音鼻韵母的发音

（1）an：发音时，先发 n，接着软腭下降，鼻音色彩逐渐增强，舌尖迅速抵住上齿龈发 n。例如：

灿烂 cànlàn　展览 zhǎnlǎn　谈判 tánpàn　感染 gǎnrǎn

（2）en：发音时，先发 e，接着软腭下降，鼻音色彩逐渐增强，舌尖迅速抵住上齿龈发 n。例如：

振奋 zhènfèn　沉闷 chénmèn　深沉 shēnchén　人参 rénshēn

（3）in：发音时，先发 i，接着软腭下降，鼻音色彩逐渐加强，舌尖迅速抵住上齿龈发 n。例如：

信心 xìnxīn　殷勤 yīnqín　拼音 pīnyīn　引进 yǐnjìn

（4）ün：发音时，先发 ü，接着软腭下降，鼻音色彩逐渐增强，舌尖迅速抵住上齿龈发 n。例如：

逡巡 qūnxún　军训 jūnxùn　云海 yúnhǎi　均匀 jūnyún

（5）ian：发音时，从前面的短而轻的 i 滑到比较响亮的 a，接着软腭下降，舌尖迅速抵住上齿龈发 n，整个发音过程结束。例如：

变迁 biànqiān　片面 piànmiàn　先天 xiāntiān　偏见 piānjiàn

（6）uan：发音时，从前面短而轻的 u 到比较响亮的 a，接着软腭下降，舌尖迅速抵住上齿龈发 n，整个发音过程结束。例如：

贯穿 guànchuān　转换 zhuǎnhuàn　专断 zhuānduàn　婉转 wǎnzhuǎn

（7）uen：发音时，从前面短而轻的 u 滑到比较响亮的 a，接着软腭下降，舌尖迅速抵住上齿龈发 n，整个发音过程结束。例如：

混沌 hùndùn　昆仑 kūnlún　困顿 kùndùn　伦敦 lúndūn

（8）üan：发音时，从前面短而轻的 ü 滑到比较响亮的 a，接着软腭下降，舌尖迅速抵住上齿龈发 n，整个发音过程结束。例如：

源泉 yuánquán　轩辕 xuānyuán　渊源 yuānyuán　全权 quánquán

2. 后鼻音鼻韵母的发音

（1）ang：发音时，先发 a，接着舌尖向软腭移动，并迅速抵住软腭发 ng。例如：

苍茫 cāngmáng　商场 shāngchǎng　帮忙 bāngmáng　肮脏 āngzāng

（2）eng：发音时，先发 e，接着舌尖向软腭移动，并迅速抵住软腭发 ng。例如：

丰盛 fēngshèng　成风 chéngfēng　更正 gēngzhèng　征程 zhēngchéng

(3) ong：发音时，先发 o，接着舌尖向软腭移动，并迅速抵住软腭发 ng。例如：

隆重 lóngzhòng　总统 zǒngtǒng　空洞 kōngdòng　从容 cóngróng

(4) ing：发音时，先发 i，接着软腭下降，舌尖向软腭移动，并迅速抵住软腭发 ng。例如：

情形 qíngxíng　命令 mìnglìng　经营 jīngyíng　宁静 níngjìng

(5) iang：发音时，i 短而轻，后面的 a 清晰响亮，接着软腭下降，舌尖向软腭移动，并迅速抵住软腭发 ng。例如：

响亮 xiǎngliàng　踉跄 liàngqiàng　想象 xiǎngxiàng　将相 jiàngxiàng

(6) uang：发音时，u 短而轻，后面的 a 清晰响亮，接着软腭下降，舌尖向软腭移动，并迅速抵住软腭发 ng。例如：

状况 zhuàngkuàng　矿床 kuàngchuáng　装潢 zhuānghuáng

(7) ueng：发音时，u 短而轻，后面的 e 清晰响亮，接着软腭下降，舌尖向软腭移动，并迅速抵住软腭发 ng。例如：

嗡嗡 wēngwēng

(8) iong：发音时，i 短而轻，后面的 o 清晰响亮，接着软腭下降，舌尖向软腭移动，并迅速抵住软腭发 ng。例如：

汹涌 xiōngyǒng　炯炯 jiǒngjiǒng

三、韵母辨正

(一) 读准前鼻音韵母与后鼻音韵母

在有些方言区中，两种鼻音尾韵母不分，或者都读成前鼻音 n 收尾的，或者都读成后鼻音 ng 收尾的，或者两者混读，多表现为 in 和 ing 不分，en 和 eng 不分等。例如，把“英语”读成“音语”，“城市”读成“沉市”等。

要分清前后鼻音韵母，首先要发准 n 和 ng 这两个鼻音，练习发 n 音时，舌尖要轻轻抵住上齿龈；发 ng 音时，舌面后部则要轻轻抵住软腭。

1. 读音训练

认真 rènzhēn　根本 gēnběn　婶婶 shěnshen　濒临 bīnlín

拼音 pīnyīn　近亲 jìnqīn　殷勤 yīnqín　临近 línjìn

逞能 chěngnéng　风筝 fēngzheng　猛增 měngzēng　鹏程 péngchéng

宁静 níngjìng　倾听 qīngtīng　经营 jīngyíng　庆幸 qìngxìng

姓名 xìngmíng　真正 zhēnzhèng　人生 rénshēng　本能 běnnéng

城镇 chéngzhèn　缝纫 féngrèn　民警 mínjǐng　清新 qīngxīn

定金 dìngjīn　门铃 ménlíng　生硬 shēngyìng　沧桑 cāngsāng

想象 xiǎngxiàng　隆重 lóngzhòng　老翁 lǎowēng　端庄 duānzhuāng

绵羊 miányáng　想念 xiǎngniàn　岩浆 yánjiāng

2. 辨音训练

忠诚 chéng—忠臣 chén　陈 chén 旧—成 chéng 就　长征 zhēng—长针 zhēn

当 dāng 心—担 dān 心　　人生 shēng—人参 shēn　　人名 míng—人民 mín
鲸 jīng 鱼—金 jīn 鱼　　引 yǐn 子—影 yǐng 子　　土壤 rǎng—涂染 rǎn
瓜分 fēn—刮风 fēng　　亲近 qīnjìn—清静 qīngjìng　　信 xìn 服—幸 xìng 福
天坛 tán—天堂 táng　　鲜 xiān 花—香 xiāng 花　　运煤 yùnméi—用煤 yòngméi
反 fǎn 问—访 fǎng 问　　张 zhāng 贴—粘 zhān 贴　　水干 gān—水缸 gāng
审 shěn 视—省 shěng 市　　粉 fěn 刺—讽 fěng 刺　　整 zhěng 段—诊 zhěn 断
劲 jìn 头—镜 jìng 头　　海滨 bīn—海兵 bīng　　今 jīn 天—惊 jīng 天

3. 绕口令

地上一个棚，棚上一个盆，风吹棚，棚晃盆，盆碰棚，棚倒了，盆破了，是棚赔盆还是盆赔棚。

姓陈不能说成姓程，姓程不能说成姓陈，禾木是程，耳东是陈，如果陈程不分，就会认错人。

长扁担，短扁担，长扁担比短扁担长半扁担，短扁担比长扁担短半扁担，长扁担放在短板凳上，短扁担放在长板凳上，长板凳放不住比长板凳短半扁担的短扁担，短板凳放不住比短扁担长半扁担的长扁担。

（二）读准 i 和 ü

从舌面元音发音舌位图可以看出，i 和 ü 都是前元音、高元音，它们唯一的区别是 i 不圆唇，ü 圆唇。在有些方言区中，i 和 ü 都读 i，如“全面”（quánmiàn）读成“前面”（qiánmiàn）；“通讯”（tōngxùn）读成“通信”（tōngxìn）；“预见”（yùjiàn）读成“意见”（yìjiàn）等。发生混淆的情况多是把圆唇的 ü 读成不圆唇的 i。练习 ü 的发音时，注意唇形的变化：先展开嘴唇发 i，舌位不动，慢慢把嘴唇拢圆，就可以发出 ü 了。

1. 读音训练

笔记 bǐjì　　力气 lìqi　　结业 jiéyè　　鲜艳 xiānyàn　　信心 xìnxīn
渔具 yújù　　绝学 juéxué　　区域 qūyù　　均匀 jūnyún　　拒绝 jùjué
必须 bìxū　　继续 jìxù　　田园 tiányuán　　进军 jìnjūn　　线圈 xiànquān
迁居 qiānjū　　聚集 jùjí　　运用 yùnyòng　　军心 jūnxīn　　云烟 yúnyān
纪律 jìlǜ　　曲艺 qǔyì　　谜语 míyǔ　　预计 yùjì　　抑郁 yìyù

2. 辨音训练

容易 yì—荣誉 yù　　结集 jí—结局 jú　　季 jì 节—拒 jù 绝
白银 yín—白云 yún　　切 qiè 实—确 què 实　　潜 qián 力—权 quán 利
燕 yàn 子—院 yuàn 子　　盐 yán 分—缘 yuán 分　　沿 yán 用—援 yuán 用
生育 yù—生意 yì　　遇 yù 见—意 yì 见　　美育 yù—美意 yì

3. 绕口令

老吕去卖驴，老余去买鱼，老余要用老吕的驴驮鱼，老吕要用老余的鱼换驴。

大渠养大鱼，小渠养小鱼，大渠大鱼吃小鱼，小渠小鱼怕大鱼，有一天，下大雨，小渠流进大渠水，小渠里有大鱼，大渠里没小鱼。

清晨起来雨稀稀，王七上街去买席，骑着毛驴跑得急，捎带买蛋又贩梨。一跑跑到小桥西，毛驴一下失了蹄，打了蛋，撒了梨，跑了驴，急得王七眼泪滴，又哭鸡蛋又骂驴。

（三）读准 o、e 和 uo

在有的方言中，o、e 和 uo 相混淆。例如新疆话把韵母 o 全都发成了 e，东北方言中则把韵母 o 的一部分读成了韵母 e，西南方言则把韵母 e 的一些字读成了韵母 o，如“哥”、“锅”同音，“课”、“扩”同音，“饿”、“卧”同音。混淆的原因有两点：一是声母韵母的拼合不当，普通话中 o 只能和 b、p、m、f 相拼，有的方言则能和 g、k、h 相拼，e 除了“么（me）”外不能和 b、p、m、f 相拼；二是发音不准确，o、e 是单元音，在发音过程中保持一定的舌位唇形不动，o 和 e 的区别只在前者是圆唇元音，后者是不圆唇元音，uo 是后响复元音韵母，在发音过程中，舌位唇形要发生变化。

1. 读音训练

墨盒 mòhé	破格 pògé	隔膜 gémó	薄荷 bòhe	客车 kèchē
割舍 gēshě	色泽 sèzé	哥哥 gēge	伯伯 bóbo	火锅 huǒguō
默默 mòmò	啰唆 luōsuo	硕果 shuòguǒ	过错 guòcuò	蹉跎 cuōtuó
错落 cuòluò	懦弱 nuòruò	破获 pòhuò	菠萝 bōluó	薄弱 bóruò
火车 huǒchē	过河 guòhé	萝卜 luóbo	叵测 pǒcè	恶魔 èmó

2. 辨音训练

大哥 gē—大锅 guō　　客 kè 气—阔 kuò 气　　河 hé 面—和 huó 面

个 gè 人—国 guó 人　　合 hé 力—活 huó 力

3. 绕口令

可可磨了墨，却没有新墨盒，我有新墨盒，还没磨好墨。可可把磨好的墨倒进我的新墨盒，我把新墨盒让可可倒进墨，我和可可合用一个墨盒。你说我们会不会合作？

小何养八哥，小郭逮蝈蝈，小何说八哥比蝈蝈会唱歌，小郭说蝈蝈比八哥会唱歌，不知是八哥胜蝈蝈，还是蝈蝈胜八哥。

伯伯养了一群大白鹅，哥哥喂了两只小白鸽。伯伯教哥哥训鸽，哥哥帮伯伯放鹅。白鸽、白鹅长得好，乐坏了伯伯和哥哥。

小乌龟，怕挨饿，背上背着一口锅，锅背背，背背锅，龟背背锅上河坡。

（四）读准 u 和 ü

u 和 ü 都是高元音，都是圆唇元音，它们的不同在于 u 是后元音，ü 是前元音。u 和 zh、ch、sh、r 相拼以及 ü 和 j、q、x 相拼时容易混淆。

1. 读音训练

图书 túshū	出路 chūlù	服务 fúwù	贯穿 guànchuān	补助 bǔzhù
转弯 zhuǎnwān	春笋 chūnsǔn	温顺 wēnshùn	论文 lùnwén	须臾 xūyú
源泉 yuánquán	均匀 jūnyún	允许 yǔnxǔ	选举 xuǎnjǔ	主语 zhǔyǔ
处于 chùyú	属于 shǔyú	顺序 shùnxù	春雨 chūnyǔ	水渠 shuǐqú
叙述 xùshù	取出 qǔchū	绿树 lǜshù	巡逻 xúnluó	局促 júcù

2. 辨音训练

主 zhǔ 力—举 jǔ 例　　专 zhuān 区—捐 juān 躯　　准 zhǔn 备—军 jūn 备

船 chuán 舷—全 quán 县　　顺 shùn 服—驯 xùn 服　　轮船 chuán—抡拳 quán

3. 绕口令

一面小花鼓，鼓上画老虎，小锤敲破了鼓，妈妈用布补，不知是布补鼓，还是布补虎。

小兔去看小鹿，小鹿探望小兔，事前都没说清楚，小兔走小路，没看到小鹿，小鹿走大路，没见到小兔，小兔走了冤枉路，小鹿时间白耽误。

弯弯和圆圆，来画圆和圈，弯弯画个圆圈圈，圆圆画个圈圆圆，圆圈画得圆不圆，问问弯弯和圆圆。

（五）读准复韵母

复元音韵母发音时，要注意前后的韵头、韵尾发音短小，中间的韵腹发音宏大。有元音韵尾的复元音韵母，包括 ai、ei、ao、ou 和 iao、iou、uai、uei，这些韵母的元音韵尾发音轻弱模糊，特别容易丢失，或者合并韵腹和韵尾，发出一个居于韵腹元音和韵尾元音之间的单元音。要发好这些带元音韵尾的复元音韵母，一要发准韵腹，二要驱使舌位向韵尾元音的方向滑动。

1. 读音训练

白菜 báicài	开采 kāicǎi	海带 hǎidài	拍卖 pāimài	摔坏 shuāihuài
甩卖 shuǎimài	衰败 shuāibài	配备 pèibèi	蓓蕾 bèilěi	北美 běiměi
回归 huíguī	水位 shuǐwèi	坠毁 zhuìhuǐ	摧毁 cuīhuǐ	报告 bàogào
高潮 gāocháo	号召 hàozhào	草帽 cǎomào	巧妙 qiǎomiào	疗效 liáoxiào
小鸟 xiǎoniǎo	口头 kǒutóu	丑陋 chǒulòu	抖擞 dǒusǒu	收购 shōugòu
欧洲 ōuzhōu	悠久 yōujiǔ	舅舅 jiùjiu	调遣 diàoqiǎn	害羞 hàixiū
海啸 hǎixiào	交代 jiāodài	教诲 jiàohuì	开刀 kāidāo	愧疚 kuìjiù
来由 láiyóu	劳累 láolèi	潦草 liáocǎo	柳条 liǔtiáo	楼道 lóudào
没有 méiyǒu	毛豆 máodòu	美妙 měimiào	苗头 miáotou	奶牛 nǎiniú
脑袋 nǎodai	扭头 niǔtóu	胚胎 pēitāi	漂游 piāoyóu	

2. 绕口令

白奶奶，买白菜，买来白菜排开摆，搬白菜，摆白菜，搬来白菜摆开晒。

黑猫黑狗毛黑，白猫白狗毛白，黑猫没黑狗毛黑，白猫没白狗毛白，黑猫黑狗毛比白猫白狗毛黑，白猫白狗毛比黑猫黑狗毛白。

（六）其他不容易发准的韵母

1. ie 和 üe

读音训练：

谢绝 xièjué	解决 jiějué	确切 quèqiè	决裂 juéliè	学业 xuéyè
劫掠 jiélüè	血液 xuèyè	学界 xuéjiè	喋血 diéxuè	节约 jiéyuē
越界 yuèjiè	月夜 yuèyè	灭绝 mièjué		

2. ian 和 uan

(1) 读音训练:

电线 diànxiàn　简便 jiǎnbiàn　片面 piànmiàn　牵连 qiānlián
惦念 diànniàn　演练 yǎnliàn　艰险 jiānxiǎn　轩辕 xuānyuán
涓涓 juānjuān　全员 quányuán　偏远 piānyuǎn　边缘 biānyuán
垫圈 diànquān　捐献 juānxiàn　全县 quánxiàn　泉眼 quányǎn

(2) 绕口令:

燕燕教倩倩编辫辫，左手编右半边，右手编左半边，倩倩跟燕燕学编辫辫，右手编左半边，左手编右半边。

3. 韵头 u

韵头 u 受方言影响容易丢失，如有的人把“孙子”念成“森子”，把“司马光砸缸”念成“司马缸砸缸”。在发带韵头 u 的韵母时，要注意发音过程中有一个合口的 u 音。

(1) 读音训练:

夸大 kuādà　娃娃 wáwa　蹉跎 cuōtuó　哆嗦 duōsuo　说过 shuōguò
骆驼 luòtuo　摔坏 shuāihuài　回归 huíguī　垂危 chuíwēi　贯穿 guànchuān
婉转 wǎnzhuǎn　转换 zhuǎnhuàn　温顺 wēnshùn论文 lùnwén　状况 zhuàngkuàng
双簧 shuānghuáng　老翁 lǎowēng

(2) 绕口令:

望江楼，望江流，望江楼上望江流，江从楼下流，江水流，楼下流，楼下江流楼不流。

飞鸟飞上空鸟岛，鸟岛上空飞飞鸟，鸟上鸟岛飞鸟叫，鸟岛鸟叫叫鸟岛。

小光和小刚，抬着水缸上山冈，上山冈，歇歇凉，拿起竹竿玩打仗，乒乒乒，乓乓乓，打来打去砸了缸，小光怪小刚，小刚怪小光，小光小刚都怪竹竿和水缸。

【知识拓展】

说明：表中的①②③④分别指阴平、阳平、上声和去声4种声调。

(1) en 和 eng 对照辨音字表（见表 3－2)。

▼表 3－2　en 和 eng 对照辨音字表

韵母 / 例字 / 声母	en	eng
ø	①恩④摁	①鞥
b	①奔贲③本苯④笨	①崩②甭③绷④迸蹦泵

续表

例字 韵母 / 声母	en	eng
p	①喷②盆④喷	①烹②朋棚硼鹏彭澎膨③捧④碰
m	①闷②门们扪④闷焖	①蒙②萌盟蒙濛朦艨③猛锰蜢艋蒙④梦孟
f	①分芬纷吩氛酚②坟焚汾③粉④分份偾奋粪愤	①风枫疯峰烽蜂锋丰封②逢缝冯③讽④奉俸风缝
d	④扽	①登灯③等④邓凳蹬镫瞪
t		②疼腾誊滕藤
n	④嫩	②能
l		②棱③冷④愣
g	①根跟②哏③艮④艮亘	①耕庚更③耿埂哽绠梗鲠④更
k	③肯啃垦恳④裉掯	①坑
h	②痕③很狠④恨	①亨哼②横衡④横
zh	①真贞侦祯桢针珍胗斟③诊疹枕缜④振赈震镇阵	①争挣睁狰铮筝睁正怔征症蒸③整拯④正政证症郑净
ch	①嗔抻②辰宸晨沉忱陈臣尘③碜④衬趁称	①称撑②成城诚盛承呈程惩澄橙乘丞③逞骋④秤
sh	①申伸呻绅砷身深娠②神③沈审婶④甚葚慎肾渗蜃	①生牲笙甥升声②绳③省④胜圣盛剩
r	②人仁壬③忍荏④任饪妊衽认刃纫韧轫	①扔②仍
z	③怎	①曾憎缯④赠缯锃
c	①参②岑	②曾层④蹭
s	①森	①僧

（2）in 和 ing 对照辨音字表。

▼表 3－3　in 和 ing 对照辨音字表

例字 韵母 / 声母	in	ing
ø	①因洇茵姻氤殷音阴荫②垠银龈吟寅淫鄞③引蚓隐瘾饮尹④印荫	①英瑛媖锳莺膺鹰婴缨樱嘤樱鹦罂②荧莹营萤蝇盈迎赢③影颖④映硬应
b	①宾傧滨缤槟镔彬④摈殡鬓	①兵冰③丙柄炳秉饼禀④病并

续表

例字 \ 韵母 声母	in	ing
p	①拼②贫频嫔③品④聘	①乒②平评坪苹枰萍屏瓶凭
m	②民③敏皿闽悯泯	②名茗铭明鸣冥溟瞑暝螟③酩④命
d		①丁叮仃钉疔盯③顶鼎④定锭碇腚订
t		①听厅汀②亭停婷廷庭蜓霆③挺艇铤梃
n	②您	②宁咛狞柠凝③拧④宁泞佞
l	②林淋琳霖邻粼遴嶙磷鳞辚③凛廪檩④吝赁蔺	②灵伶泠苓瓴聆翎玲铃蛉零龄凌陵菱绫棱 ③岭领④另令
j	①今衿矜斤巾金津襟筋③紧锦仅谨馑瑾槿④妗尽浕烬劲觐近晋缙禁噤浸	①京惊鲸茎泾经菁睛精晶荆兢粳③景颈井警儆④敬竟竞境镜净靖静径劲胫痉
q	①衾亲侵钦②芩琴芹秦禽擒噙勤③寝④沁	①氢轻青清蜻倾卿②情晴擎③顷请④庆亲
x	①忻昕欣新薪辛莘锌心馨④信衅	①星猩腥兴②形刑邢型行③省醒④幸姓性杏兴

(3)(零声母)uen和ueng对照辨音字表。

▼表3-4　(零声母)uen和ueng对照辨音字表

例字 \ 韵母 声母	uen(wen)	ueng(weng)
ø	①温瘟②文纹蚊闻③稳吻紊④问	①翁嗡④瓮蕹

(4)uen(un)和ong对照辨音字表。

▼表3-5　uen(un)和ong对照辨音字表

例字 \ 韵母 声母	uen(un)	ong
d	①敦墩蹲吨③盹趸④炖钝顿囤盾遁	①冬东③董懂④洞峒侗冻栋动
t	①吞②屯臀③氽④褪	①通②同桐铜童潼瞳③筒桶捅④痛
l	①抡②仑沦纶轮伦④论	①隆②隆窿龙咙聋笼③拢垄陇④弄
g	③滚辊④棍	①工功攻公蚣弓躬供恭宫③拱巩汞④共贡供
k	①昆坤③捆④困	①空③孔恐④空控

续表

韵母 例字 声母	uen（un）	ong
h	①昏婚荤②魂浑④混	①烘哄轰②红虹宏洪鸿弘③哄④讧哄
zh	①谆③准	①中忠盅钟衷终③肿种④中仲种重众
ch	①春椿②唇纯淳醇③蠢	①冲忡充舂②虫重崇③宠④冲铳
sh	③吮④顺舜瞬	
r	④闰润	②容溶蓉榕熔绒荣融茸
z	①尊遵③撙④捘	①宗综棕踪鬃③总④纵粽
c	①村皴②存③忖④寸	①囱匆葱聪②从丛淙
s	①孙③损笋榫	①松嵩③怂耸竦④宋送颂讼诵

（5）ün 和 iong 对照辨音字表。

▼表 3－6　ün 和 iong 对照辨音字表

韵母 例字 声母	ün	iong
ø	①晕②云匀③允陨④运酝晕孕韵熨蕴	①佣拥庸③永泳咏勇涌蛹踊④用
j	①均君军④俊骏浚峻竣	③窘迥
q	②群裙	②穷琼
x	①熏勋②旬询循巡寻④驯训讯迅汛殉逊	①兄凶匈汹胸②熊雄

【学以致用】

1. 朗读下列诗歌。

芙蓉楼送辛渐

王昌龄

寒雨连江夜入吴，平明送客楚山孤。

洛阳亲友如相问，一片冰心在玉壶。

别董大

高适

千里黄云白日曛，北风吹雁雪纷纷。

莫愁前路无知己，天下谁人不识君。

出塞

王昌龄

秦时明月汉时关，万里长征人未还。

但使龙城飞将在，不教胡马度阴山。

墨梅

王冕

我家洗砚池头树，朵朵花开淡墨痕。

不要人夸好颜色，只留清气满乾坤。

黄鹤楼送孟浩然之广陵

李白

故人西辞黄鹤楼，烟花三月下扬州。

孤帆远影碧空尽，唯见长江天际流。

2. 朗读下列绕口令。

二是二，十二是十二，二十是二十，二十二是二十二，小二子一口气数完二千二百二十二万二千二百二十二点二二。

蜂蜜养蜜蜂，蜜蜂酿蜂蜜，蜂蜜要靠蜜蜂酿，蜜蜂要靠蜂蜜养，蜜养蜂，蜂酿蜜，蜜蜂酿蜜蜜养蜂，蜂蜜养蜂蜂酿蜜。

3. 用普通话朗读短文。

一天下午，接到一位同学打来的电话，说他要来出差，想看看我。我听了很高兴，多年不联系的老同学，终于有机会相聚了。我又约了几个朋友，说好在某饭店为同学接风。

在车站接上同学，赶到饭店时，朋友们都到了。寒暄几句，便进了饭店。饭店门口站着两排迎宾小姐，微笑着向我们点头，“欢迎光临”、“晚上好”的问候声此起彼伏。我和几个朋友都像没看到她们，也没听到问候声一样，大模大样地往里走，同学却一个劲地说着“谢谢”，一副很感动的样子。

跟着一位迎宾小姐往二楼走，刚上楼梯，就被一声很突然的“晚上好”吓了一跳。仔细一看，一个小伙子正给我们鞠躬呢，而且是标准的90度。站在小伙子面前，同学手足失措，不知该如何是好。

上学时同学就很文雅，想不到毕业多年，仍是其风不改，在酒桌上言行举止很有礼貌。一位朋友笑着跟我说：“瞧你那放荡不羁的样儿，真该向你的老同学学习学习。”说话间，同学无意中一扭头，一位服务员马上过来，问：“先生，您需要什么?”同学连忙摆手，“谢谢，不用。”服务员走后，同学悄声告诉我，毕业后他就一直在县城当教师，在县城的饭店里，从来没遇到过如此热情的服务。说完，他又疑惑地问，面对这样的服务，你们怎么若无其事，一点回应都没有?

吃完饭后，我去总台埋单，同学跟在我身后，看了菜单同学很惊讶，“怎么这么贵呢!”我笑着说：“这是对饭店热情服务的最好回应。”

选自张福龙《礼貌的回应》

第四课 声调

应知导航

（1）掌握普通话四声的调值和调型。

（2）根据声调正确发音。

知识探究

一、声调概述

汉语是有声调的语言。学习普通话语音，声调是一个重要部分。声调是贯穿整个音节具有区别意义作用的高低升降的变化，是音节不可缺少的重要组成部分。

声调主要由音高的变化构成。音高的变化与声带的松紧程度有关系：发音时，声带拉紧，发出的声调就高；声带放松，发出的声调就低。因此，汉语声调的高低变化取决于音高的变化。声调中的音高是相对音高，不同人的音高虽然有差别，但同一个人发不同声调的高低升降是不变的。

声调具有区别意义的作用。例如“shi”，声调不同，所表示的意义也不同：

失业 shīyè　实业 shíyè　始业 shǐyè　事业 shìyè

此外，声调在古典诗词平仄格律中有重要作用；声调还使汉语具有抑扬顿挫的音调美。

二、声调的基本概念

1. 调值

汉语的声调可以用调值来表示。每种声调高低升降的具体变化，也就是声调的实际读法，称为调值。调值一般采用赵元任先生创制的“五度标记法”来表示。

五度标记法是用五度竖标来标记调值相对音高的一种方法。具体方法是，画一条竖线，分为四格五度，表示声调的相对音高，相对音高最高音为5度，最低音为1度。在竖线的左侧画一条短线或一点，表示音高升降变化的形式。根据音高变化的形式，制成五度标记调符号，也可采用两位或三位数字表示。普通话调值五度标记图如图4－1所示。

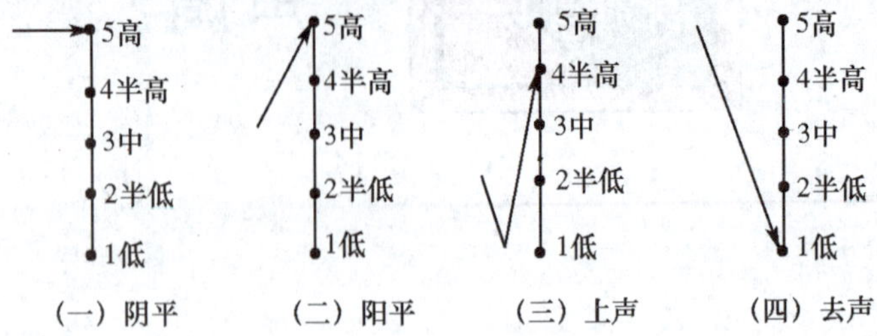

图4－1　普通话调值五度标记图

汉语四声的调值分别是55、35、214、51。把五度标记法中的四声实际读法的图形进行简化，就是使用的声调符号，简称调号，分别是ˉ、ˊ、ˇ、ˋ。声调符号标在韵腹字母上。

2. 调类

调类是声调的种类，是把调值相同的字归纳在一起所建立的类。一种方言中有几种调值就有几种调类。汉语方言由于是从中古语音的"平、上、去、入"四声演变而来的，在演变的过程中，有的合并，有的分化，所以发展到今天，方言的调类比较多。普通话有4个调类，分别是阴平、阳平、上声和去声，通俗的称法分别是第一声、第二声、第三声和第四声。

在汉语方言中，调类相同，调值不一定相同。例如"方"，普通话和各方言的调类都是阴平，普通话调值为55，浙江话的调值为41，济南话的调值则为213；反过来，调值相同的字，不一定属于相同的调类。

3. 调形

调形是音节的音高随时间而变化的形式，也就是声调的高低、升降、平曲的形状。普通话4个声调的调形分别为平调、升调、曲折调和降调。具体地说，阴平声音高而平，是高平调；阳平由中音升到高音，是中升调；上声由半低音先降到低音，再升到半高音，是降升调；去声由高音降到低音，是高降调，也叫全降调。

三、普通话语音的声调

1. 阴平

阴平，高而平，又叫做高平调，俗称一声，调值是55，又叫55调。发音时，调值从5度到5度，声音比较高，基本上没有升降的变化。例如：

高超 gāochāo	芬芳 fēnfāng	商标 shāngbiāo	资金 zījīn
推敲 tuīqiāo	夸张 kuāzhāng	青春 qīngchūn	公司 gōngsī

2. 阳平

阳平，又叫做中升调，俗称二声，调值为35，又叫35调。发音时，调值从中音升到高音，从3度升到5度，有明显的升幅变化，是个高升的调子。例如：

和平 hépíng　河南 hénán　人民 rénmín　怀疑 huáiyí
银行 yínháng　农民 nóngmín　言行 yánxíng

3. 上声

上声，又叫做升降调，俗称三声，调值为214，又叫214调。发音时，由半低音先降到低音后升到半高音，调值从2度降到1度，再从1度升到4度，有明显的升降变化。例如：

体检 tǐjiǎn　表姐 biǎojiě　领导 lǐngdǎo　彼此 bǐcǐ
好感 hǎogǎn　举止 jǔzhǐ　美满 měimǎn　管理 guǎnlǐ

4. 去声

去声，又叫做全降调，俗称四声，调值为51，又叫51调。发音时，调值由高音降到低音，从5度降到1度，有明显的降幅变化。例如：

胜利 shènglì　世界 shìjiè　教育 jiàoyù　注意 zhùyì
校对 jiàoduì　浪漫 làngmàn　气质 qìzhì　创造 chuàngzào

四、声调发音训练

各种方言都有自己独特的声调系统。同一个汉字，在不同的方言中可能读成不同的调值，属于不同的调类。声调在一个人的语音面貌中起着相当重要的作用，有的人声韵问题不是很大，但受方言影响，声调不准，造成普通话发音不准。方言和普通话声调的不同主要表现在调值上，因此在学习普通话时，掌握声调的调值非常重要。

声调是高低升降的音高变化，这里的音高不是一个绝对的值，而是一个相对的值。老人的绝对音高比孩子低，男子的绝对音高比女子低，同一个人在不同情绪时的音高也不同。因此，在读音时，每个人不必刻意去追求某一绝对高度，只要根据自己的音域确定合理的高低比例，符合声调高低升降的调形即可。

（一）读音训练

1. 同声韵四声练习

巴 bā 拔 bá 把 bǎ 坝 bà　搭 dā 答 dá 打 dǎ 大 dà　妈 mā 麻 má 马 mǎ 骂 mà
扎 zhā 闸 zhá 眨 zhǎ 诈 zhà　芳 fāng 房 fáng 纺 fǎng 放 fàng　期 qī 奇 qí 起 qǐ 器 qì
捞 lāo 劳 láo 老 lǎo 酪 lào　波 bō 博 bó 跛 bǒ 檗 bò　妞 niū 牛 niú 纽 niǔ 拗 niù
哥 gē 格 gé 葛 gě 个 gè　呼 hū 胡 hú 虎 hǔ 互 hù　涛 tāo 陶 táo 讨 tǎo 套 tào
一 yī 宜 yí 已 yǐ 亿 yì　迂 yū 余 yú 语 yǔ 欲 yù　亏 kuī 奎 kuí 跬 kuǐ 溃 kuì

2. 不同声调的双音节词语练习

（1）阴阴：参加 cānjiā　江山 jiāngshān　珍惜 zhēnxī　丰收 fēngshōu　纷纷 fēnfēn　青春 qīngchūn　诗歌 shīgē　冰川 bīngchuān

（2）阴阳：高原 gāoyuán　生活 shēnghuó　精华 jīnghuá　中国 zhōngguó　安全 ānquán　支援 zhīyuán　加强 jiāqiáng　欢迎 huānyíng

（3）阴上：发展 fāzhǎn　欣赏 xīnshǎng　生长 shēngzhǎng　开始 kāishǐ　方法 fāngfǎ　根本 gēnběn　家长 jiāzhǎng　批准 pīzhǔn

（4）阴去：需要 xūyào　单位 dānwèi　音乐 yīnyuè　失望 shīwàng　呼叫 hūjiào　规范 guīfàn　相信 xiāngxìn　侵略 qīnlüè

（5）阳阴：男方 nánfāng　图书 túshū　国歌 guógē　研究 yánjiū　革新 géxīn　航空 hángkōng　曾经 céngjīng　农村 nóngcūn

（6）阳阳：人民 rénmín　模型 móxíng　儿童 értóng　团结 tuánjié　临时 línshí　文学 wénxué　黄河 huánghé　勤劳 qínláo

（7）阳上：难免 nánmiǎn　描写 miáoxiě　成果 chéngguǒ　民主 mínzhǔ　言语 yányǔ　南海 nánhǎi　遥远 yáoyuǎn　诚恳 chéngkěn

（8）阳去：豪迈 háomài　革命 gémìng　模范 mófàn　肥沃 féiwò　名利 mínglì　留念 liúniàn　局面 júmiàn　辽阔 liáokuò

（9）上阴：普通 pǔtōng　统一 tǒngyī　取消 qǔxiāo　老师 lǎoshī　美观 měiguān　体贴 tǐtiē　牡丹 mǔdān　北京 běijīng

（10）上阳：语文 yǔwén　晚霞 wǎnxiá　海洋 hǎiyáng　普及 pǔjí　谴责 qiǎnzé　柳眉 liǔméi　整齐 zhěngqí　选择 xuǎnzé

（11）上上：理想 lǐxiǎng　所以 suǒyǐ　美好 měihǎo　展览 zhǎnlǎn　指导 zhǐdǎo　脊髓 jǐsuǐ　古典 gǔdiǎn　感想 gǎnxiǎng

（12）上去：改变 gǎibiàn　礼貌 lǐmào　土地 tǔdì　改造 gǎizào　美丽 měilì　考试 kǎoshì　野外 yěwài　典范 diǎnfàn

（13）去阴：构思 gòusī　地方 dìfāng　特征 tèzhēng　认真 rènzhēn　印刷 yìnshuā　列车 lièchē　犯规 fànguī　气温 qìwēn

（14）去阳：视觉 shìjué　课堂 kètáng　太阳 tàiyáng　调查 diàochá　特别 tèbié　自然 zìrán　配合 pèihé　未来 wèilái

（15）去上：对手 duìshǒu　历史 lìshǐ　带领 dàilǐng　气体 qìtǐ　落榜 luòbǎng　面粉 miànfěn　凑巧 còuqiǎo　信仰 xìnyǎng

（16）去去：绚丽 xuànlì　验算 yànsuàn　过去 guòqù　厌恶 yànwù　地震 dìzhèn　对待 duìdài　厄运 èyùn　电报 diànbào

（二）绕口令

妈妈骑马，马慢，妈妈骂马，妞妞牵牛，牛拗，妞妞拧牛。

丹丹担担，旦旦担蛋，丹丹的担里担着蛋，旦旦担着担里的蛋。

五、声调辨正

全国各地的方言在声调方面都和普通话有所差异。要学好普通话，最重要的是要找准本地的方言和普通话在声调上的对应关系，有针对性地纠正自己发音时在声调上的错误。

（一）调类辨正

普通话有阴平、阳平、上声、去声 4 个调类，七大方言区的调类数差别明显，主要原因是古人声字的分源。北方方言区的绝大部分地区与普通话的调类一致，如汉口话、济南话、沈阳话、成都话等都是 4 个调类，入声分别归到阴阳上去。比较特殊的是，滦县话只有 3 个调类：平声、上声与去声，调类数最少。吴、湘、赣、闽、粤、客家方言区由于保留着入声字，调类数从 5 个到 10 个不等：湘、赣、客家方言区虽都是 6 个调类数，但调类不同，湘、赣方言区里的去声分阳去、阴去，而客家方言里的入声分阴入、阳入；吴方言区的调类数比较复杂：上海话有 5 个调类，苏州话有 7 个，绍兴话有 8 个；粤方言区的玉林调类数最多，有 10 个。因此，以上方言区的人们在学习普通话过程中，必须去掉入声字，改读为阴、阳、上、去 4 声。

（二）调值辨正

1. 阴平的辨正

（1）调值不够高。阴平调值是 55，但有方言区念成 44（沈阳、成都）、33（长沙），甚至 11（滦县），如“现在开始播音”中的“播音”两个字念成最低音 11 就带有较明显的方言色彩。

辨正练习：

诗篇 shīpiān　　出家 chūjiā　　张贴 zhāngtiē　　纷争 fēnzhēng　　初春 chūchūn

（2）阴平读成降调。例如，普通话“生生不息”中的“生生 shēngshēng”本是高平，天津、南京、兰州、南昌、绍兴等地却读成下降的调子，听起来像是“胜胜 shèngshèng”。

辨正练习：

失落 shīluò　　推断 tuīduàn　　伺机 sìjī　　希冀 xījì　　公告 gōnggào

（3）阴平读成降升调。有方言区的人，高平调拐弯，如山东济南、泰安等地，把“茶杯 chábēi”的“杯”发成类似普通话“北 běi”的音，而“纸张 zhǐzhāng”中的“张”类似“掌 zhǎng”。

辨正练习：

农耕 nónggēng　　财经 cáijīng　　竞相 jìngxiāng　　客车 kèchē　　信托 xìntuō

2. 阳平的辨正

（1）阳平读成平调。内蒙古及河北滦县等地的人，将普通话中的阳平字读为平调，如“方糖 fāngtáng”中的“糖”听起来像“汤 tāng”，“去年 qùnián”中的“年”又像是“拈 niān”。

辨正练习：

权限 quánxiàn　　提纲 tígāng　　动情 dòngqíng　　文教 wénjiào　　漫游 mànyóu

（2）阳平读为降调。济南、成都、福州等地易把阳平读成高降调 42、41 或 52，如“学生 xuéshēng”中的“学”类似“穴 xuè”，“权力 quánlì”中的“权”听似“劝 quàn”。而南京、长沙、厦门和吴方言区的苏州、绍兴、上海等地，容易把阳平读成低升调 13 或 24，而不是中升调 35。

辨正练习：

告辞 gàocí　　别墅 biéshù　　杂费 záfèi　　轮回 lúnhuí　　人权 rénquán

3. 上声的辨正

（1）上声调值不完全。上声调值是 214。发音时，要前短后长。但有些地区的人由于习惯，往往读得前长后短，致使声调不完全。沈阳、南昌地区则发成 213 的调值。

辨正练习：

结尾 jiéwěi	平整 píngzhěng	俗语 súyǔ	糖果 tángguǒ
祈祷 qídǎo	着想 zhuóxiǎng	神采 shéncǎi	竹笋 zhúsǔn

（2）上声读成降调。闽方言区的人，尤其是厦门人，易把上声字念成全降调 51，与普通话里的去声调值一样，如“是你 shìnǐ”中的“你”发成“腻 nì”，“网上 wǎngshàng”中的“网”好似“旺 wàng”。

辨正练习：

处所 chùsuǒ	复古 fùgǔ	隶属 lìshǔ	地毯 dìtǎn
宁肯 nìngkěn	字典 zìdiǎn	号角 hàojiǎo	落伍 luòwǔ

（3）上声读为平调。山东方言区除了烟台外的绝大部分地区，像济南、青岛、泰安、临沂、菏泽等地，在发上声时，听起来就像是高平调 55；而滨州、潍坊、东营等地又读成低平调 44。例如，“饭碗 fànwǎn”里的“碗”听起来像是“弯 wān”，“营养 yíngyǎng”中的“养”又类似“秧 yāng”。上海话里的上声也易读作平调 33。

辨正练习：

操场 cāochǎng	机敏 jīmǐn	多寡 duōguǎ	花鸟 huāniǎo
鲜美 xiānměi	黑板 hēibǎn	喧嚷 xuānrǎng	屋脊 wūjǐ

4. 去声的辨正

（1）去声读成升调或平调。兰州、四川地区的人把去声读成低升调 13，在发“四川 sìchuān”中的“四”时好像是“sí”，“报告”类似“báogáo”；而汉口地区易读为阳平调 35，南京、滦县则发成平调 44 或 55。

辨正练习：

黑洞 hēidòng	欣慰 xīnwèi	音量 yīnliàng	支架 zhījià
疏散 shūsàn	残暴 cánbào	嫉妒 jídù	劳作 láozuò

（2）去声读为降升调。南方地区的苏州、福建等地有把“看一看”读成类似“砍一砍”，“急躁 jízào”中的“躁”与“早 zǎo”相似的现象。

辨正练习：

世面 shìmiàn	俯瞰 fǔkàn	现任 xiànrèn	在望 zàiwàng
可贵 kěguì	锦绣 jǐnxiù	假若 jiǎruò	火力 huǒlì

【知识拓展】

四声歌

学好声韵辨四声，阴阳上去要分明。
部位方法要找准，开齐合撮属口形。
双唇班报必百波，舌面积结教坚精。
翘舌主争真知道，平舌资则早在增。

擦音发翻飞分复，送气查柴产彻称。
合口呼午枯胡古，开口呼坡歌安康。
撮口虚学寻徐剧，齐齿衣优摇业英。
前鼻恩因烟弯稳，后鼻昂迎中拥生。
咬紧字头归字尾，阴阳上去记变声。
循序渐进坚持练，不难达到纯和清。

学以致用

1. 朗读下列诗歌。

惠崇春江晓景

苏轼

竹外桃花三两枝，春江水暖鸭先知。
蒌蒿满地芦芽短，正是河豚欲上时。

晓出净慈寺送林子方

杨万里

毕竟西湖六月中，风光不与四时同。
接天莲叶无穷碧，映日荷花别样红。

2. 词语声调对比练习。

大国—大锅　医务—遗物　冲锋—重逢　鸳鸯—远洋　乘法—惩罚
司机—四季　大学—大雪　题材—体裁　知道—执导　使节—失节
化学—滑雪　整洁—症结　中华—种花　无益—舞艺　事实—逝世

3. 四声同调练习。

春天花开　江山多娇　珍惜光阴　人民团结　豪情昂扬　回国华侨
厂长领导　理想美好　稳妥处理　日夜奋战　胜利闭幕　变幻莫测

4. 四声交错词语练习。

水落石出　信口开河　轻描淡写　集思广益　绝对真理　班门弄斧
身体力行　百炼成钢　得心应手　五光十色　明目张胆　千锤百炼

5. 用普通话朗读短文。

又是一年冬季，大街小巷又多了许多卖糖葫芦的人。

百度有言，南宋年间，宋光宗最宠爱的黄贵妃有了病，面黄肌瘦，饮食不思，御医绞尽脑汁全不见效，伊人日见憔悴，皇帝也愁眉不展，求诸民间而张榜，一位“包治百病”的江湖郎中进宫为贵妃诊脉后献上一方：“只要用冰糖与山楂煎熬，每顿饭前吃五至十枚，不出半月，病准见好。”这偏方到底管用，按此办法，贵妃果然如期病愈，这做法传到民间，老百姓又把它串起来卖，就成了糖葫芦，是开胃解馋的小吃了。

仔细想来，那时南宋建都临安，要说糖葫芦应当是南方小吃，现在可能全国都有，我却根深蒂固地认为它是东北特色，主要是因为它鲜亮的外表和可口的味道成了一道冬天不可缺少的亮丽风景。

地道的东北糖葫芦是用东北特产大山楂串成的，经过东北白山黑水的滋润后，那大山楂肉厚皮薄核小，味道带着那种酸甜清新的感觉，这种山楂就成了制作糖葫芦最好的原料了。

上好的糖葫芦在选果时要把个小的、带虫子眼的、长的歪瓜劣枣的挑出去，然后淘洗干净，用小刀去掉核和果蒂，去核时不能把山楂切开，也就是把里面掏空，这需有一定的功夫，要不咋说三百六十行行行出状元，这做糖葫芦也算一行吧。

掏空的山楂要串起来。糖葫芦的串串非常有讲究，所用竹签或木签，要削磨得非常光滑干净、粗细均匀。在穿山楂时，最上面的一个用最大的，往下依次减小，看着敞亮，吃着顺当。

东北的糖葫芦一般为分大小两样串，大的十、八个山楂一串，小的五个一串，分别称为“大糖葫芦”和“小糖葫芦”，小的相应便宜一些，卖价只是大糖葫芦的一半甚至还要低一些。所以，可以根据腰包和食量来进行大小选择，很人性化。

然后是熬糖浆。给糖葫芦上糖衣也是一门学问，它是做糖葫芦最关键的一道工序。所用的糖要用“砂糖”，熬时要用大铜马勺，也有用平底锅的，关键是火候。时间不到，蘸出来的糖衣挂不上糖，使糖葫芦表面不光滑，也不鲜亮；火候大了则蘸出的糖葫芦色黑味苦，既不好看，又不好吃。这道工序也叫挂浆，常做拔丝苹果的人最有经验。做得好的上品应是在大山楂外挂一层薄而透明的糖衣，经过东北那滴水成冰的天气冷冻，大山楂一下子变得又有光泽又鲜艳。蘸糖的时候将串好的大山楂在糖勺中贴糖浆的水平面转个，蘸好糖后在铁板或石板上拍、蹭、抹，让糖葫芦的一侧形成透明的糖皮，会吃的行家一看就知道是上品，成色保准没错。

节选自兰楚《糖葫芦情思》

第五课 音节

应知导航

(1) 掌握音节结构的规律。

(2) 掌握普通话音节拼读的方法。

(3) 掌握普通话音节的拼写规则。

【知识探究】

一、音节的结构

音节是人们听感上所能自然分辨出来的最小的语音单位，它是语言的基本结构单位。一般情况下，一个汉字的读音就是一个音节，如“语音是语言的物质外壳”有 10 个汉字，也就有 10 个音节。还有一种特殊的现象是儿化词，如“花儿”（huār），两个字的读音是一个音节。

（一）音节的结构和特点

1. 音节的结构

根据音节的组成部分，可以对音节的结构进行音素分析和声韵调分析。具体分析如表 5－1所示。

表 5－1　普通话音节结构表

结构成分 音节 例字	声母	韵母				声调
		韵头（介音）	韵腹（主要元音）	韵尾		
				元音	辅音	
花　huā	h	u	a			阴平
涨　zhǎng	zh		a		ng	上声
雅　yǎ		i	a			上声
又　yòu		i	o	u		去声
度　dù	d		u			去声
雪　xuě	x	ü	ê			上声
拼　pīn	p		i		n	阴平
粮　liáng	l	i	a		ng	阳平

（1）音素分析。音节是由一个或几个音素组成的，如 tong，可以分为 t、o、ng 3 个音素，这种分法注重语音的发音特性，较为细致地分析了语音的音节结构。音素分析来自西方的语音分析法，虽然比较细致，但相对忽略了汉语的声调特性，因此音素分析法并不常用。

（2）声韵调分析。音节一般由声母、韵母和声调 3 部分组成。音节开头是声母，也有的音节没有声母，但由零声母充当。声母后面的部分是韵母，比较复杂的音节的韵母包括韵头、韵腹和韵尾。例如 zhuang，声母为 zh，韵母为 uang，韵母还可以分为韵头 u、韵腹 a 和韵尾 ng。

2. 音节结构的特点

从上面的音节结构分析表可以看出，音节结构具有以下特点。

(1) 每个音节最少要由3个部分组成，即声母、韵母和声调。它的声母可以是零声母，韵母中可以没有韵头和韵尾，但必须有韵腹。例如，“吴 (ú)”由零声母、韵腹u和阳平声调组成。

(2) 每个音节中必须有元音音素，最少1个，最多3个，而且这3个元音可以连续排列，分别充当韵母的韵头、韵腹和韵尾。

(3) 韵头只能由i、u、ü充当，韵尾由元音i和u或鼻辅音n和ng充当。各元音都能充当韵腹，如果韵母不止1个元音时，由开口度较大、舌位较低、发音较响亮的元音充当韵腹。

(4) 辅音音素只出现在音节的开头 (用做声母) 或末尾 (用做韵尾)，没有辅音连续排列的情况。

(5) 单韵母 (除舌尖韵母-i前、-i后外)、复韵母和鼻韵母 (除eng、ong外) 都能自成音节，其声母是零声母。

(二) 普通话音节结构的规律

1. 普通话声母和韵母的拼合规律

从理论上讲，声母和韵母都是可以相拼的，但在普通话中，有些声母和韵母相拼出来的字是不存在的，如fui、puan等，可见普通话中声母和韵母的拼合是有规律的，普通话语音声韵配合关系如表5-2所示，具体规律如下。

(1) 双唇音声母 (b、p、m、f) 和舌尖中音声母 (d、t) 不拼撮口呼韵母；而且双唇音声母只能与合口呼韵母u相拼。

(2) 舌根音声母 (g、k、h)、舌尖后音声母 (zh、ch、sh、r) 和舌尖前音声母 (z、c、s) 不拼齐齿呼韵母和撮口呼韵母。

(3) 舌面音声母 (j、q、x) 不拼开口呼韵母和合口呼韵母。

(4) 舌尖中音声母 (n、l) 能与四呼中的所有韵母相拼；韵母ê、ueng和er不能与任何声母相拼。

▼表5-2 普通话语音声韵配合关系表

配合关系 韵母 / 声母		开口呼	齐齿呼	合口呼	撮口乎
双唇音b、p、m		+	+	+（限于u）	−
唇齿音f		+	−	+（限于u）	−
舌尖中音	d、t	+	+	+	−
	n、l	+	+	+	+
舌根音g、k、h		+	−	+	−
舌面音j、q、x		−	+	−	+
舌尖后音zh、ch、sh、r		+	−	+	−
舌尖前音z、c、s		+	−	+	−
零声母ø		+	+	+	+

说明：“+”表示全部或局部声韵能相拼，“−”表示不能相拼。

2. 普通话语音的常用音节

据统计，普通话语音的常用音节有400多个，在日常语言中经常使用的音节只占很少一部分，其中常用音节、次常用音节、又次常用音节只有109个。

常用音节有14个：de、shi、yi、bu、you、zhi、le、ji、zhe、wo、ren、li、ta、dao。

次常用音节有33个：zhong、zi、guo、shang、ge、men、he、wei、ye、da、gong、jian、jiu、xiang、zhu、lai、sheng、di、zai、ni、xiao、ke、yao、wu、yu、jie、jin、chan、zuo、jia、xian、quan、shuo。

又次常用音节有62个（略）。

这109个音节在语言中的出现率约占音节总数的75%，学习普通话音节，应重点掌握这些常用音节。

二、音节的拼读

（一）拼音要注意的问题

拼音就是把分析出来的声母、韵母和声调拼合起来，构成一个音节。在拼音时要注意以下问题。

1. 声母要读本音，而不是呼读音

用声母拼音时，与平时读单个的声母不同，要求读本音，而不是便于呼读的呼读音。发音时，声母要读得短而轻，就更接近于本音。韵母是发音中响亮的部分，要重读。有人这样形象地总结发音的要领："前音轻短后音重，两音相连猛一碰。"具体可以这样做，发音时，发音器官先做好发某个声母本音的姿势，然后在发这个声母本音的同时把要相拼的韵母一起读出来。例如，发"shang"这个音时，先做发sh本音的姿势，在发本音的同时，气流冲破阻碍一起将ang读出来。

2. 声母、韵母之间不要有停顿

声母和韵母之间是连为一体的，在拼读时不要将它们分开。例如，拼"gài"（盖）时，如果g和ai间有了停顿，就会拼成g（ē）－ài（爱）。

3. 要读准韵母的韵头

韵母中的复韵母和鼻韵母，是由2个或3个音素组成的，有的还含有韵头，发音时一定要读准韵头，不要出现丢掉或改变韵头的情况。例如，拼"luan"时，丢掉韵头就会读成"lan"；拼"xue"时，如果韵头读不准，就会拼成"xie"。

（二）拼音的方法

掌握好音节，除了读准声母、韵母和声调之外，还要掌握好拼音的方法。在音节的拼读过程中，重在发韵母，声母轻而短，再配上声调，一个音节的拼读过程就完成了。音节的拼读包括以下两种方法。

1. 两拼法

两拼法又可以分为以下两类。

（1）声母和韵母两拼法：声母和韵母两部分相拼。例如：

zh－āng→zhāng（张）　ch－uāng→chuāng（窗）　m－íng→míng（明）

（2）声母、韵头和韵身两拼法：先把声母和韵头合成一部分，然后再和韵身相拼，适用于有韵头的音节。例如：

ji－āng→jiāng（江）　xi－āng→xiāng（香）　hu－ái→huái（淮）

2. 三拼法

把韵头单独列出，和声母、韵身组成3部分相拼，适用于有韵头的音节。例如：

j-i－āng→jiāng（江）　q－u－án→quán（全）　zh－u－āng→zhuāng（庄）

三、音节的拼写

《汉语拼音方案》中对普通话音节的拼写有如下规定。

1. w、y的使用规则

（1）韵母表中i、in、ing自成音节的时候，前面需加上y。例如：

i→yī（一）　in→yīn（音）　ing→yīng（英）

如果在i后还有元音的，自成音节时，要将i改为y。例如：

ia→yǎ（雅）　ie→yē（耶）　iao→yào（药）　ian→yān（烟）　iang→yāng（央）

（2）韵母表中u列的韵母自成音节时，前边需加w。例如：

u→wū（乌）

如果在u之后还有元音的，自成音节时，要将u改为w。例如：

ua→ wá（娃）　uai→wài（外）　uan→wàn（万）　uang→wǎng（网）

uei→wéi（维）　uen→wén（文）　ueng→wēng（翁）　uo→wǒ（我）

（3）韵母表中ü列的韵母自成音节时，不论后面有没有元音，一般要在ü前面加y，而且ü上两点要省略。例如：

ü→yǔ（雨）　üan→yuán（元）　üe→yuè（月）　ün→yún（云）

在上述3项规则中，可以发现w、y起到了隔音的作用，如“大姨”二字连写成“dai”，很容易被认为是一个音节，用y后，可以写成“dayi”，音节的界限就很明显了。

2. 省写规则

（1）韵母iou、uei、uen的省写。iou、uei、uen前面加声母时，要省掉o和e，写成iu、ui、un。例如：

d－uèi→duì（队）　x-iōu→xiū（休）　t－uēn→tūn（吞）

g－uèi→guì（柜）　n-ióu→niú（牛）　d－uēn→dūn（吨）

（2）ü上两点的省略。

• 韵母表中ü列的韵母，前面没有声母的时候，在ü前加y，而且ü上的两点要省略。例如：

y－ü→yú（鱼）　y－üe→yuè（越）

• 韵母表中ü列的韵母跟声母j、q相拼的时候，省写两点。例如：

j－ǖ→jū（居）　x－ǜ→xù（蓄）　q－üè→què（确）　j－üé→jué（绝）

x－üě→xuě（雪）　x－üān→xuān（宣）　j－ǖn→jūn（君）　q－ǘn→qún（群）

- ü 跟声母 n、l 相拼的时候，ü 上的两点要保留。例如：

l－ǚ→lǚ（旅）　n－ǚ→nǚ（女）

3. 隔音符号

在《普通话拼音方案》中关于隔音符号的使用有这样的规定：以 a、o、e 开头的音节连接在其他音节后面的时候，如果音节的界限发生混淆，用隔音符号（’）隔开。例如：

xī’ān（西安）　dàng’àn（档案）　huā’è（花萼）　kù’ài（酷爱）

4. 标调规则

（1）声调标在韵腹上。例如：

mǎ（马）mài（卖）miǎo（秒）miè（灭）chuāng（窗）qián（前）zhāng（章）

（2）在 iu、ui 两个韵母中，规定声调标在后面的 u 或 i 上。例如：

duì（队）　xiū（休）　qiū（秋）　tuì（退）

（3）轻声音节不标调。例如：

bièniu（别扭）　yuèliang（月亮）　zǎochen（早晨）　luóbo（萝卜）

（4）标原调，不标变调。例如：

shuǐguǒ（水果）而不是 shuíguǒ　yǎnjiǎng（演讲）而不是 yánjiǎng

（5）调号正好标在 i 的上面，则 i 上面的小点要省掉。例如：

xī（西）　duì（对）　yì（易）

标调规则可总结为以下口诀：

a 母出现莫放过，没有 a 母找 o、e、i、u 标在后，i 上标调把点抹。

【知识拓展】

汉语拼音音节表

声母	音节
b	ba bo bi bu bai bei bao bie ban ben bin bang beng bing bian biao
p	pa po pi pu pai pei pao pou pie pan pen pin pang peng ping pian piao
m	ma mo me mi mu mai mei mao mou miu mie man men min mang meng ming mian miao
f	fa fo fu fei fou fan fen fang feng
d	da de di du dai dei dui dao dou diu die dan den dun dang deng ding dong dia dian diao duan duo
t	ta te ti tu tai tei tui tao tou tie tan tun tang teng ting tong tian tiao tuan tuo
n	na ne ni nu nü nai nei nao nou niu nie nüe nan nen nin nang neng ning nong nian niang niao nuan nuo

l	la lo le li lu lü lai lei lao lou liu lie lüe lan lin lun lang leng ling long lia lian liang liao luan luo
g	ga ge gu gai gei gui gao gou gan gen gun gang geng gong gua guai guan guang guo
k	ka ke ku kai kei kui kao kou kan ken kun kang keng kong kua kuai kuan kuang kuo
h	ha he hu hai hei hui hao hou han hen hun hang heng hong hua huai huan huang huo
j	ji ju jiu jie jue jin jun jing jia jian jiang jiao jiong juan
q	qi qu qiu qie que qin qun qing qia qian qiang qiao qiong quan
x	xi xu xiu xie xue xin xun xing xia xian xiang xiao xiong xuan
zh	zha zhe zhu zhai zhei zhui zhao zhou zhan zhen zhun zhang zheng zhong zhua zhuai zhuan zhuang zhuo
ch	cha che chu chai chui chao chou chan chen chun chang cheng chong chua chuai chuan chuang chuo
sh	sha she shu shai shei shui shao shou shan shen shun shang sheng shua shuai shuan shuang shuo
r	re ru rui rao rou ran ren run rang reng rong ruan ruo
z	za ze zu zai zei zui zao zou zan zen zun zang zeng zong zuan zuo
c	ca ce cu cai cui cao cou can cen cun cang ceng cong cuan cuo
s	sa se su sai sui sao sou san sen sun sang seng song suan suo
y	ya yo yao you yan yang yong
w	wa wo wai wei wan wen wang weng

整体认读音节：

yi wu yu ye yue yin ying yuan zhi chi shi ri zi ci si yun

【学以致用】

1. 朗读下列词语。

第一组：文雅 昂扬 友谊 万物 愿意 娃娃 外文 嗡嗡 威武 演员 汪洋 恩爱 言语 鸳鸯 爱意

第二组：哥哥 妈妈 主力 扑克 如何 客气 米粒 这是 日子 脾气 沐浴
特务 技术 序曲 知识
第三组：加价 别家 谢谢 朵朵 阔绰 懦弱 说过 团圆 家家 国画 过节
贴画 妥帖 或缺 绰约
第四组：采摘 美好 财宝 白菜 绕开 振奋 沧桑 能人 港口 红色 当然
奔走 拼凑 通信 恳谈
第五组：标准 嚷嚷 丢掉 遵循 水准 创想 谬论 响亮 辉煌 熊熊 旋转
关怀 光亮 全球 摔坏

2. 练习下列绕口令。

河中映着彩霞，水面游着花鸭。霞是五彩霞，鸭是麻花鸭。麻花鸭游进五彩霞，五彩霞网住麻花鸭。乐坏了鸭，拍碎了霞，分不清是鸭还是霞。

哥哥弟弟坡前坐，坡上卧着一只鹅，坡下流着一条河，哥哥说：宽宽的河。弟弟说：白白的鹅。鹅要过河，河要渡鹅。不知是鹅过河，还是河渡鹅。

白猫黑鼻子，黑猫白鼻子；黑猫的白鼻子，碰破了白猫的黑鼻子，白猫的黑鼻子破了，剥了秕谷壳儿扑鼻子；黑猫的白鼻子不破，不剥秕谷壳儿补鼻子。

3. 用普通话朗读短文。

李白诗云：黄河落天走东海，万里写入胸怀间。可见黄河过于博大，难以一文写其全貌。今择故乡山西省柳林县三交古镇黄河三峡一段，写写母亲河独具的风采。

大河入梦，豪气入肠，胸中汹涌着万丈波澜，笔下自有了隐隐风雷之声。

黄河从万古中走来，一路文化苦旅。它在诗经中呜咽过，在李白笔下豪迈过，在王之涣诗中从容过，在刘禹锡诗中浪漫过，在萨都剌眼中沧桑过……当它的目光穿过所有岁月，当它奔入中游的秦晋大峡谷时，轻轻挥洒，在柳林县三交古镇留下了厚重的黄河三峡——黄河大峡、屈产峡、龙泉石峡。为使三峡不寂寞，它在这里造就了万里黄河第一碛——土金碛，巨澜翻卷，浊浪滔天！更在土金碛旁边留下一座阅尽沧桑的黄河母亲峰，酷似母亲静卧，历经风雨，守望千年。此地情人谷内的天壶瀑布如壶倒悬，飞瀑溅珠，一如烟雨江南；涓涓清泉出石峡，恍若人间仙境。摄人魂魄的风景，优美动人的传说，拨人心弦，叩人情思，让人无法不欣然神往！

黄河的上游是其青少年时代，中游是其壮年时代，下游是其老年时代。柳林县黄河三峡有幸，占其壮年，思想成熟且魅力无限。黄河青少年时代文风尚未形成，壮年发为意气昂扬的唐诗，老年发为低沉无望的宋词。柳林县黄河三峡有幸，占其唐诗部分，雄沉宏厚，清新激越，个性张扬，穿透岁月！

五千年文明看山西，一万里黄河看柳林。悠悠三晋，巍巍吕梁，强县柳林，古镇三交，魅力黄河，激情三峡，动感体验，感动中国！

节选自刘继兴《柳林黄河三峡赋》

第六课 音变

【应知导航】

(1) 了解普通话中常见的音变现象。
(2) 掌握连读变调的发音要领。
(3) 掌握常见的轻声字。
(4) 掌握儿化韵的发音规律。

【知识探究】

说话时，音节并不是一个一个单独说出来的，而是连着说出来，形成一串串连续的语流。在连续的语流中，相连的音节与音节、音素与音素之间有时会相互影响，产生音变。音变现象在普通话口语中非常普遍，掌握了音变，说出来的普通话不但标准规范，而且纯正地道、自然流畅；反之，如果不知道音变，说的话就会让人觉得生硬僵直。

一、变调

变调是指语流中某个声调受到相邻字音的影响，与单读时相比，声调发生变化，这种现象叫做变调。例如“领导”，“领”“导”单读时调值都为214，连起来读时，“领”受到后面“导”的影响，改读为35调。

在普通话中主要有以下几种变调现象。

(一) 上声的变调

上声调值在以下情况下不变：一种情况是上声音节的字单读时，如“美”“好”两个字单独念时，调值不发生改变；另一种情况是读多音节词语的末尾的上声字时，如“美好”两个字连读时，“好”字仍读上声。在下列情况下，上声的调值会发生变化。

1. 上声与上声相连

(1) 两个上声相连（上声＋上声）。

前一个音节上声调值214变为35调。例如：

勇敢 yǒnggǎn　　理想 lǐxiǎng　　了解 liǎojiě　　古典 gǔdiǎn

词语的第一个音节都要读35调。

（2）3个上声相连（上声＋上声＋上声）。

有两种情况。一种情况是第一个音节调值变为21，第二个音节调值变为35。例如，“党小组（dǎngxiǎozǔ）”、“很勇敢（hěnyǒnggǎn）”和“孔乙己（kǒngyǐjǐ）”，其中的“党”、“很”和“孔”都读21调，“小”、“勇”和“乙”都读35调。另一种情况是前两个音节调值都变为35调，如“手写体（shǒuxiětǐ）”、“展览馆（zhǎnlǎnguǎn）”和“蒙古马（měnggǔmǎ）”，其中的“手写”、“展览”和“蒙古”都要变读为35调。

（3）3个以上的上声相连（上声＋上声＋上声＋上声……）。

可以根据上述3个上声的情况变读；快读时，只要保留最后一个音节读214调，前面的一律变读为35调，如“永远友好”可以是“永”、“友”变读，也可以是“永”、“远”、“友”变读；“我很了解你”可以是“我”、“很”、“了”变读，也可以是“我”、“很”、“了”、“解”都变读为35调。

2. 上声和非上声相连

（1）上声和轻声相连（上声＋轻声）。

- 上声和原为上声改读的轻声音节相连：上声音节的变调有两种情况，一种是读做35调，一种是读做21调，如“讲讲（jiǎngjiang）”、“想起（xiǎngqi）”和“等等（děngdeng）”中的前一个音节都要变读为35调；“姐姐（jiějie）”、“毯子（tǎnzi）”和“碾子（niǎnzi）”中的前一个音节都要变读为21调。
- 上声和原为非上声改读的轻声音节相连：在轻声音节前，上声音节的调值要变读为21。例如：

上声＋阴平改读的轻声：比方 bǐfang　　眼睛 yǎnjing

上声＋阳平改读的轻声：老爷 lǎoye　　本钱 běnqian

上声＋去声改读的轻声：寡妇 guǎfu　　脑袋 nǎodai

在上述例子中，“比”、“眼”、“老”、“本”、“寡”和“脑”的调值都要变读为21。

（2）上声和阴平相连（上声＋阴平）。

在阴平音节前，上声音节的调值要变读为21。例如：

海军 hǎijūn　　女兵 nǚbīng　　首都 shǒudū　　火车 huǒchē

其中的“海”、“女”、“首”和“火”的调值要变读为21。

（3）上声和阳平相连（上声＋阳平）。

在阳平音节前，上声音节的调值要变读为21。例如：

海洋 hǎiyáng　　朗读 lǎngdú　　理由 lǐyóu　　旅行 lǚxíng

其中的“海”、“朗”、“理”和“旅”的调值都要变读为21。

（4）上声和去声相连（上声＋去声）。

在去声音节前，上声音节的调值要变读为21。例如：

讨论 tǎolùn　　鼓励 gǔlì　　保证 bǎozhèng　　坦率 tǎnshuài

其中的“讨”、“鼓”、“保”和“坦”的调值都要变读为21。

(二)去声的变调

去声在非去声音节前面，调值不变，仍是51调。例如，“告辞（gàocí）”和“冒险（màoxiǎn）”，“告”和“冒”的调值不变。在两个去声相连时，如果前一个音节不是重读音节，调值一般要变为53。例如，“大会（dàhuì）”、“事故（shìgù）”和“现在（xiànzài）”，“大”、“事”和“现”的调值要变为53。

(三)“一、不”的变调

1. “一”的变调

“一”为阴平字，调值为55，在下列情况下，调值仍为55：首先是“一”字单独读的时候，调值为55；其次是“一”作为序数的时候，如“一班”；还有就是“一”处在词句末尾的时候，如“统一”、“万一”、“专一”等。

“一”字变调的情况有以下几种。

(1) 在去声前，“一”变阳平，调值为35。例如：

一半　一辆　一块　一段　一对　一样

(2) 在非去声前，也就是在阴平、阳平和上声前，“一”变去声，调值为51。例如：

“一”+阴平：一般　一家　一锅　一吨

“一”+阳平：一直　一行　一年　一时

“一”+上声：一捆　一举　一手　一两

(3) 在重叠的动词之间，“一”变读为轻声。例如：

谈一谈　想一想　笑一笑　拖一拖

2. “不”的变调

“不”为去声字，调值为51，在下列情况下，“不”的调值不变：首先是“不”字单独读的时候，调值仍为51；其次是在词句的末尾时，如“何不”和“偏不”，“不”的调值不变；还有就是“不”在非去声音节（阴平、阳平和上声）前，如“不管”、“不能”和“不想”，“不”的调值不变。

“不”字变调有以下几种情况。

(1) 在去声前，“不”变读为阳平，调值为35。例如：

不幸　不行　不利　不用　不愿　不断

(2) 在重叠的动词之间，“不”变读为轻声。例如：

来不来　行不行　能不能　看不看

(四)“七、八”的变调

“七、八”为阴平字，调值为55，在下列情况下，“七、八”的调值不变：首先是“七、八”单独读的时候，调值不变；其次是在非去声音节（阴平、阳平和上声）前，如“七夕”、“八旗”、“八股”等，调值不变。

在去声前，“七、八”可以变读为阳平，调值为35，也可以不变。例如：

七月　七次　七倍　七岁

八路　八块　八届　八月

（五）形容词重叠的变调

1. 单音节形容词重叠后儿化

单音节形容词重叠构成的词语，一般不变调，但是在形容词重叠后儿化时，第 2 个音节要变读为阴平，调值为 55。例如：

高高儿的　好好儿的　慢慢儿的　圆圆儿的

第 2 个音节“高”、“好”、“慢”和“圆”要变读为 55 调。

2. 单音节形容词加上叠音后缀

单音节形容词加上叠音后缀后，叠音后缀一般要变读为阴平，调值为 55。例如：

红彤彤　黑洞洞　明晃晃　冷飕飕

也有读原调的，如“软绵绵”、“喜洋洋”等。

3. 双音节形容词重叠后构成四音节形容词

双音节形容词重叠后构成的四音节形容词，第 2 个音节变读为轻声，第 3、4 个音节一般要变读为阴平，调值为 55。例如：

漂漂亮亮　高高兴兴　热热闹闹　干干净净

其中第 2 个音节“漂”、“高”、“热”和“干”读轻声，而第 3、4 个音节“亮亮”、“兴兴”、“闹闹”和“净净”要变读为 55 调。也有不变调的，如“轰轰烈烈”。

二、轻声

轻声是普通话中一种特殊的音变，和一般的 4 声相比，轻声音节读得又轻又短。在字和字组合成词和句子的时候，有些音节失去原有的调值，变成一种又短又轻的调子，这种音变现象就称为轻声。轻声不是指 4 声之外的第 5 种声调，而只是声调的一种特殊音变。例如，“东西（dōngxī）”表示方位，“东西（dōngxi）”表示物品，前一个“西”字读本来的 55 调，后一个“西”字失去了原有的调值，变为轻声。轻声没有固定的调值，轻声字不标调，轻声词多为常用词。话语中有了轻声，轻重相配，语流就起伏有致，富于乐感。在普通话中，轻声的使用频率很高，是普通话学习的难点，也是普通话水平测试考察的重要内容。

1. 读轻声的词语

读轻声的音节多为常用音节。轻声词有两类，一类是习惯读轻声的词，这类轻声词比较多，而且不容易把握；另一类是有规律性的读轻声的词，这类轻声词相对来说好把握一些。下面先介绍一下这类词。

在普通话中下列词语要读轻声。

（1）结构助词“的、地、得”和动态助词“着、了、过”，还有语气助词“吧、嘛、呢、啊、吗、了”等。例如：

黑的 hēide　高兴地 gāoxìngde　做得好 zuòdehǎo

笑着 xiàozhe　走了 zǒule　看过 kànguo　好吧 hǎoba

就是嘛 jiùshìma　管他呢 guǎntāne　是啊 shìa

（2）名词后缀如“子、头”和表示复数的“们”等。例如：

桌子 zhuōzi　影子 yǐngzi　孩子 háizi

丫头 yātou　馒头 mántou　罐头 guàntou

我们 wǒmen　你们 nǐmen　它们 tāmen

但是，“原子”、“电子”等词的“子”仍读原调，不读轻声。

（3）名词、代词后面表示方位的语素或词“上、下”等。例如：

天上 tiānshang　地下 dìxia　房间里 fángjiānli　箱子里 xiāngzǐli

这边 zhèbian　那边 nàbian　上面 shàngmian　下面 xiàmian

（4）动词、形容词之后的表示趋向的趋向动词“来、去、起来”等。例如：

进来 jìnlai　拿来 nálai　出去 chūqu　下去 xiàqu

跑起来 pǎoqǐlai　跳起来 tiàoqǐlai　说出来 shuōchūlai

抢回来 qiǎnghuílai　冷下去 lěngxiàqu　暗下去 ànxiàqu

（5）重叠式的动词、名词后面一个音节读轻声。例如：

坐坐 zuòzuo　试试 shìshi　尝尝 chángchang　星星 xīngxing

宝宝 bǎobao　妈妈 māma　哥哥 gēge　姥姥 lǎolao　娃娃 wáwa

（6）量词“个”必读轻声。例如：

一个 yīge　两个 liǎngge　六个 liùge　九个 jiǔge

（7）部分双音节单纯词的第2个音节要读轻声。例如：

琵琶 pípa　葡萄 pútao　牡丹 mǔdan　玫瑰 méigui

此外，还有一部分双音节词，第2个音节习惯上读轻声，这部分词没有规律，需要多读多记。例如：

先生（sheng）	姑娘（niang）	买卖（mai）	马虎（hu）	差事（shi）
家伙（huo）	事情（qing）	耳朵（duo）	行李（li）	客气（qi）
衣服（fu）	朋友（you）	哑巴（ba）	体面（mian）	消息（xi）
清楚（chu）	功夫（fu）	石榴（liu）	苗条（tiao）	含糊（hu）
生日（ri）	秧歌（ge）	书记（ji）	烧饼（bing）	玄乎（hu）
门面（mian）	扭捏（nie）	脑袋（dai）	蘑菇（gu）	时候（hou）
打听（ting）	点心（xin）	扁担（dan）	自在（zai）	眼睛（jing）
见识（shi）	意思（si）	笑话（hua）	厚道（dao）	大夫（fu）
栅栏（lan）				

2. 轻声的作用

在普通话中，轻声是一种有重要作用的音变现象。轻声的主要作用如下。

（1）区别词义。例如，地方（dìfāng）指与中央相对的行政区划；而地方（dìfang）指空间的一部分。前一个“地方”中的“方”读原调，后一个“地方”中的“方”读轻声，两者的意义有很大的不同。又如，地道（dìdào）指地下通道，地道（dìdao）指纯粹、真正。

（2）区分词性。例如，大意（dàyì）指主要内容；大意（dàyi）指马虎、粗心、不认真。前一个“大意”中的“意”读原调，后一个“大意”中的“意”读轻声，两者的词义就有了区别，前一个是名词，后一个是形容词。又如，利害（lìhài）是名词，利害（lìhai）是形容词、副词。

三、儿化

儿化是指带后缀“儿”的词的韵母带上卷舌音色彩的一种音变现象。被儿化了的韵母叫做“儿化韵”，如“花儿（huar）”。儿化韵是普通话发音的一个特点，发音时韵母随着之后的 er 同时卷舌，er 失去独立性，如“花儿”中的“儿”就不具独立性，不是一个独立的音节，也不是音素。普通话的大多数韵母可以儿化。

1. 儿化韵的发音

用汉语拼音写儿化音节时，只需在原有音节后加上“r”即可，如馅儿（xiànr）、有趣儿（yǒuqùr）等。

儿化韵的发音比较复杂，大体可以分为以下几种情况。

（1）韵母是 a、o、e、u、ia、ua、uo、ie、üe、ao、iao、ou、iou 的，儿化时韵母直接卷舌。例如，刀把儿（dāobàr）、水珠儿（shuǐzhūr）、鲜花儿（xiānhuār）、铁锅儿（tiěguōr）、名角儿（míngjuér）、棉袄儿（mián’ǎor）、小猴儿（xiǎohóur）。

（2）韵尾是 i、n 的，儿化时丢掉韵尾，主要元音卷舌，这类韵母有 ai、uai、ei、uei、an、ian、uan、üan、en、uen。例如，一块儿（yīkuàir）、没准儿（méizhǔnr）、作文儿（zuòwénr）、大院儿（dàyuànr）、一点儿（yīdiǎnr）、背心儿（bèixīnr）、手背儿（shǒubèir）、大门儿（dàménr）。

（3）韵母是 i、ü 的，儿化时直接加上 er。例如，有趣儿（yǒuqùr）、小鸡儿（xiǎojīr）、眼皮儿（yǎnpír）、小曲儿（xiǎoqǔr）。

（4）韵母是-i（前）、-i（后）的，儿化时变成 er。例如，瓜子儿（guāzǐr）、果汁儿（guǒzhīr）、树枝儿（shùzhīr）、汉字儿（hànzìr）。

（5）韵尾是-ng 的，儿化时丢掉韵尾，韵腹变为鼻化音。例如，帮忙儿（bāngmángr）、药方儿（yàofāngr）、木桶儿（mùtǒngr）、信封儿（xìnfēngr）、蛋黄儿（dànhuángr）、电影儿（diànyǐngr）、小熊儿（xiǎoxióngr）、花瓶儿（huāpíngr）。

绕口令：

有这么一个人儿，扛着袋面粉儿，拿着个面盆儿，还举着根擀面棍儿。到了家进不去门儿，急坏了这个人儿。放下面粉儿、面盆儿、擀面棍儿，打开门儿，抱起面粉儿，扛起面盆儿却忘了那根擀面棍儿。你说逗人儿不逗人儿！

一个老头儿，上山头儿，砍木头，砍了这头儿砍那头儿。对面儿来了个小丫头儿，给老头儿送来一盘儿小馒头儿，没留神儿撞上一块儿大木头。

进了门儿，倒杯水儿，喝了两口运运气儿。顺手拿起小唱本儿，唱了一曲儿又一曲儿。练完了嗓子练嘴皮儿，绕口令儿，练字音儿，还有快板儿对口词儿，越说越唱越带劲儿。

有个小孩儿叫小兰儿，口袋里装着几个小钱儿，又打醋，又买盐儿，还买了一个小饭碗儿。小饭碗儿，真好玩儿，红花儿绿叶儿镶金边儿，中间儿还有个小红点儿。

2. 儿化的作用

普通话中的“儿化”现象有以下 3 个作用。

（1）区别词性。例如：

盖（名词、动词）——盖儿（名词）

尖（形容词）——尖儿（名词）

破烂（形容词）——破烂儿（名词）

(2) 区分词义。例如：

信（书信）——信儿（消息）

头（脑袋）——头儿（领头的、领导）

一点（时间）——一点儿（极少、小的部分）

(3) 表示亲切、喜爱等感情色彩。例如：

小孩儿　小鱼儿　宝贝儿　小曲儿　小不点儿

四、语气词“啊”的音变

语气词“啊”是零声母音节，通常在一句话的末尾，在发音时常常受到前一个音节的影响而变读为“呀”、“哇”、“哪”等，这种变化有一定的规律，具体如下。

(1) 前一个音节的韵腹或韵尾（也就是最后一个音素）为 i、ü、a、o、e、ê 时，“啊”变音为“ya”，写做“呀”。例如，看戏呀（kànxìya）、吃鱼呀（chīyúya）、快刷呀（kuàishuāya）、烤火呀（kǎohuǒya）、快写呀（kuàixiěya）。

(2) 前一个音节的最后一个音素为 u 时，“啊”变读为“wa”，写做“哇”。例如，好苦哇（hǎokǔwa）、走哇（zǒuwa）、好哇（hǎowa）。

(3) 前一个音节的最后一个音素为 n 时，“啊”变读为“na”，写做“哪”。例如，好笨哪（hǎobènna）、转弯哪（zhuǎnwānna）、老天哪（lǎotiānna）、真俊哪（zhēnjùnna）、多难哪（duōnánna）。

(4) 前一个音节的最后一个音素为 ng 时，读做“nga”，仍写做“啊”。例如，真香啊（zhēnxiāngnga）、好冷啊（hǎolěngnga）、别动啊（biédòngnga）、这样啊（zhèyàngnga）、真好听啊（zhēnhǎotīngnga）、不行啊（bùxíngnga）。

(5) 前一个音节的最后一个音素为-i（后）和 er 时，“啊”变读为“ra”，仍写做“啊”。例如，就是啊（jiùshìra）、老师啊（lǎoshīra）、好吃啊（hǎochīra）。

(6) 前一个音节的最后一个音素是-i（前）时，“啊”变读为［zA］，仍写做“啊”。例如，下次啊（xiàcì［zA］）、鞋子啊（xiézi［zA］）。

【知识拓展】

普通话水平测试用必读轻声词语表

说明：

1. 本表根据《普通话水平测试用普通话词语表》编制。
2. 本表供普通话水平测试第二项——读多音节词语（100 个音节）测试使用。
3. 本表共收词 548 条（其中“子”尾词 207 条），按汉语拼音字母顺序排列。
4. 条目中的非轻声音节只标本调，不标变调；条目中的轻声音节，注音不标调号，如明白 míngbai。

爱人	àiren	案子	ànzi	巴掌	bāzhang	把子	bǎzi
把子	bàzi	爸爸	bàba	白净	báijing	班子	bānzi
板子	bǎnzi	帮手	bāngshou	梆子	bāngzi	膀子	bǎngzi
棒槌	bàngchui	棒子	bàngzi	包袱	bāofu	包涵	bāohan
包子	bāozi	豹子	bàozi	杯子	bēizi	被子	bèizi
本事	běnshi	本子	běnzi	鼻子	bízi	比方	bǐfang
鞭子	biānzi	扁担	biǎndan	辫子	biànzi	别扭	bièniu
饼子	bǐngzi	拨弄	bōnong	脖子	bózi	簸箕	bòji
补丁	bǔding	不由得	bùyóude	不在乎	bùzàihu	步子	bùzi
部分	bùfen	财主	cáizhu	裁缝	cáifeng	苍蝇	cāngying
差事	chāishi	柴火	cháihuo	肠子	chángzi	厂子	chǎngzi
场子	chǎngzi	车子	chēzi	称呼	chēnghu	池子	chízi
尺子	chǐzi	虫子	chóngzi	绸子	chóuzi	除了	chúle
锄头	chútou	畜生	chùsheng	窗户	chuānghu	窗子	chuāngzi
锤子	chuízi	刺猬	cìwei	凑合	còuhe	村子	cūnzi
耷拉	dāla	答应	dāying	打扮	dǎban	打点	dǎdian
打发	dǎfa	打量	dǎliang	打算	dǎsuan	打听	dǎting
大方	dàfang	大爷	dàye	大夫	dàifu	带子	dàizi
袋子	dàizi	耽搁	dānge	耽误	dānwu	单子	dānzi
胆子	dǎnzi	担子	dànzi	刀子	dāozi	道士	dàoshi
稻子	dàozi	灯笼	dēnglong	凳子	dèngzi	提防	dīfang
笛子	dízi	底子	dǐzi	地道	dìdao	地方	dìfang
弟弟	dìdi	弟兄	dìxiong	点心	diǎnxin	调子	diàozi
钉子	dīngzi	东家	dōngjia	东西	dōngxi	动静	dòngjing
动弹	dòngtan	豆腐	dòufu	豆子	dòuzi	嘟囔	dūnang
肚子	dǔzi	肚子	dùzi	缎子	duànzi	队伍	duìwu
对付	duìfu	对头	duìtou	多么	duōme	蛾子	ézi
儿子	érzi	耳朵	ěrduo	贩子	fànzi	房子	fángzi
废物	fèiwu	份子	fènzi	风筝	fēngzheng	疯子	fēngzi
福气	fúqi	斧子	fǔzi	盖子	gàizi	甘蔗	gānzhe
杆子	gānzi	杆子	gǎnzi	干事	gànshi	杠子	gàngzi
高粱	gāoliang	膏药	gāoyao	稿子	gǎozi	告诉	gàosu
疙瘩	gēda	哥哥	gēge	胳膊	gēbo	鸽子	gēzi
格子	gézi	个子	gèzi	根子	gēnzi	跟头	gēntou
工夫	gōngfu	弓子	gōngzi	公公	gōnggong	功夫	gōngfu
钩子	gōuzi	姑姑	gūgu	姑娘	gūniang	谷子	gǔzi

骨头	gǔtou	故事	gùshi	寡妇	guǎfu	褂子	guàzi
怪物	guàiwu	关系	guānxi	官司	guānsi	罐子	guànzi
罐头	guàntou	规矩	guīju	闺女	guīnü	鬼子	guǐzi
柜子	guìzi	棍子	gùnzi	锅子	guōzi	果子	guǒzi
蛤蟆	háma	孩子	háizi	含糊	hánhu	汉子	hànzi
行当	hángdang	合同	hétong	和尚	héshang	核桃	hétao
盒子	hézi	红火	hónghuo	猴子	hóuzi	后头	hòutou
厚道	hòudao	狐狸	húli	胡萝卜	húluóbo	胡琴	húqin
糊涂	hútu	护士	hùshi	皇上	huángshang	幌子	huǎngzi
活泼	huópo	火候	huǒhou	伙计	huǒji	机灵	jīling
脊梁	jǐliang	记号	jìhao	记性	jìxing	夹子	jiāzi
家伙	jiāhuo	架势	jiàshi	架子	jiàzi	嫁妆	jiàzhuang
尖子	jiānzi	茧子	jiǎnzi	剪子	jiǎnzi	见识	jiànshi
毽子	jiànzi	将就	jiāngjiu	交情	jiāoqing	饺子	jiǎozi
叫唤	jiàohuan	轿子	jiàozi	结实	jiēshi	街坊	jiēfang
姐夫	jiěfu	姐姐	jiějie	戒指	jièzhi	金子	jīnzi
精神	jīngshen	镜子	jìngzi	舅舅	jiùjiu	橘子	júzi
句子	jùzi	卷子	juànzi	咳嗽	késou	客气	kèqi
空子	kòngzi	口袋	kǒudai	口子	kǒuzi	扣子	kòuzi
窟窿	kūlong	裤子	kùzi	快活	kuàihuo	筷子	kuàizi
框子	kuàngzi	困难	kùnnan	阔气	kuòqi	喇叭	lǎba
喇嘛	lǎma	篮子	lánzi	懒得	lǎnde	浪头	làngtou
老婆	lǎopo	老实	lǎoshi	老太太	lǎotàitai	老头子	lǎotóuzi
老爷	lǎoye	老子	lǎozi	姥姥	lǎolao	累赘	léizhui
篱笆	líba	里头	lǐtou	力气	lìqi	厉害	lìhai
利落	lìluo	利索	lìsuo	例子	lìzi	栗子	lìzi
痢疾	lìji	连累	liánlei	帘子	liánzi	凉快	liángkuai
粮食	liángshi	两口子	liǎngkǒuzi	料子	liàozi	林子	línzi
翎子	língzi	领子	lǐngzi	溜达	liūda	聋子	lóngzi
笼子	lóngzi	炉子	lúzi	路子	lùzi	轮子	lúnzi
萝卜	luóbo	骡子	luózi	骆驼	luòtuo	妈妈	māma
麻烦	máfan	麻利	máli	麻子	mázi	马虎	mǎhu
码头	mǎtou	买卖	mǎimai	麦子	màizi	馒头	mántou
忙活	mánghuo	冒失	màoshi	帽子	màozi	眉毛	méimao
媒人	méiren	妹妹	mèimei	门道	méndao	眯缝	mīfeng
迷糊	míhu	面子	miànzi	苗条	miáotiao	苗头	miáotou
名堂	míngtang	名字	míngzi	明白	míngbai	蘑菇	mógu

模糊	móhu	木匠	mùjiang	木头	mùtou	那么	nàme
奶奶	nǎinai	难为	nánwei	脑袋	nǎodai	脑子	nǎozi
能耐	néngnai	你们	nǐmen	念叨	niàndao	念头	niàntou
娘家	niángjia	镊子	nièzi	奴才	núcai	女婿	nǚxu
暖和	nuǎnhuo	疟疾	nüèji	拍子	pāizi	牌楼	páilou
牌子	páizi	盘算	pánsuan	盘子	pánzi	胖子	pàngzi
狍子	páozi	盆子	pénzi	朋友	péngyou	棚子	péngzi
脾气	píqi	皮子	pízi	痞子	pǐzi	屁股	pìgu
片子	piānzi	便宜	piányi	骗子	piànzi	票子	piàozi
漂亮	piàoliang	瓶子	píngzi	婆家	pójia	婆婆	pópo
铺盖	pūgai	欺负	qīfu	旗子	qízi	前头	qiántou
钳子	qiánzi	茄子	qiézi	亲戚	qīnqi	勤快	qínkuai
清楚	qīngchu	亲家	qìngjia	曲子	qǔzi	圈子	quānzi
拳头	quántou	裙子	qúnzi	热闹	rènao	人家	rénjia
人们	rénmen	认识	rènshi	日子	rìzi	褥子	rùzi
塞子	sāizi	嗓子	sǎngzi	嫂子	sǎozi	扫帚	sàozhou
沙子	shāzi	傻子	shǎzi	扇子	shànzi	商量	shāngliang
晌午	shǎngwu	上司	shàngsi	上头	shàngtou	烧饼	shāobing
勺子	sháozi	少爷	shàoye	哨子	shàozi	舌头	shétou
身子	shēnzi	什么	shénme	婶子	shěnzi	生意	shēngyi
牲口	shēngkou	绳子	shéngzi	师父	shīfu	师傅	shīfu
虱子	shīzi	狮子	shīzi	石匠	shíjiang	石榴	shíliu
石头	shítou	时候	shíhou	实在	shízai	拾掇	shíduo
使唤	shǐhuan	世故	shìgu	似的	shìde	事情	shìqing
柿子	shìzi	收成	shōucheng	收拾	shōushi	首饰	shǒushi
叔叔	shūshu	梳子	shūzi	舒服	shūfu	舒坦	shūtan
疏忽	shūhu	爽快	shuǎngkuai	思量	sīliang	算计	suànji
岁数	suìshu	孙子	sūnzi	他们	tāmen	它们	tāmen
她们	tāmen	台子	táizi	太太	tàitai	摊子	tānzi
坛子	tánzi	毯子	tǎnzi	桃子	táozi	特务	tèwu
梯子	tīzi	蹄子	tízi	挑剔	tiāoti	挑子	tiāozi
条子	tiáozi	跳蚤	tiàozao	铁匠	tiějiang	亭子	tíngzi
头发	tóufa	头子	tóuzi	兔子	tùzi	妥当	tuǒdang
唾沫	tuòmo	挖苦	wāku	娃娃	wáwa	袜子	wàzi
晚上	wǎnshang	尾巴	wěiba	委屈	wěiqu	为了	wèile
位置	wèizhi	位子	wèizi	蚊子	wénzi	稳当	wěndang
我们	wǒmen	屋子	wūzi	稀罕	xīhan	席子	xízi

媳妇	xífu	喜欢	xǐhuan	瞎子	xiāzi	匣子	xiázi
下巴	xiàba	吓唬	xiàhu	先生	xiānsheng	乡下	xiāngxia
箱子	xiāngzi	相声	xiàngsheng	消息	xiāoxi	小伙子	xiǎohuǒzi
小气	xiǎoqi	小子	xiǎozi	笑话	xiàohua	谢谢	xièxie
心思	xīnsi	星星	xīngxing	猩猩	xīngxing	行李	xíngli
性子	xìngzi	兄弟	xiōngdi	休息	xiūxi	秀才	xiùcai
秀气	xiùqi	袖子	xiùzi	靴子	xuēzi	学生	xuésheng
学问	xuéwen	丫头	yātou	鸭子	yāzi	衙门	yámen
哑巴	yǎba	胭脂	yānzhi	烟筒	yāntong	眼睛	yǎnjing
燕子	yànzi	秧歌	yāngge	养活	yǎnghuo	样子	yàngzi
吆喝	yāohe	妖精	yāojing	钥匙	yàoshi	椰子	yēzi
爷爷	yéye	叶子	yèzi	一辈子	yībèizi	衣服	yīfu
衣裳	yīshang	椅子	yǐzi	意思	yìsi	银子	yínzi
影子	yǐngzi	应酬	yìngchou	柚子	yòuzi	冤枉	yuānwang
院子	yuànzi	月饼	yuèbing	月亮	yuèliang	云彩	yúncai
运气	yùnqi	在乎	zàihu	咱们	zánmen	早上	zǎoshang
怎么	zěnme	扎实	zhāshi	眨巴	zhǎba	栅栏	zhàlan
宅子	zháizi	寨子	zhàizi	张罗	zhāngluo	丈夫	zhàngfu
帐篷	zhàngpeng	丈人	zhàngren	帐子	zhàngzi	招呼	zhāohu
招牌	zhāopai	折腾	zhēteng	这个	zhège	这么	zhème
枕头	zhěntou	镇子	zhènzi	芝麻	zhīma	知识	zhīshi
侄子	zhízi	指甲	zhǐjia（zhījia）	指头	zhǐtou（zhítou）	种子	zhǒngzi
珠子	zhūzi	竹子	zhúzi	主意	zhǔyi（zhúyi）	主子	zhǔzi
柱子	zhùzi	爪子	zhuǎzi	转悠	zhuànyou	庄稼	zhuāngjia
庄子	zhuāngzi	壮实	zhuàngshi	状元	zhuàngyuan	锥子	zhuīzi
桌子	zhuōzi	字号	zìhao	自在	zìzai	粽子	zòngzi
祖宗	zǔzong	嘴巴	zuǐba	作坊	zuōfang	琢磨	zuómo

普通话水平测试用儿化词语表

说明：

1. 本表参照《普通话水平测试用普通话词语表》及《现代汉语词典》编制。加 * 的是以上二者未收，根据测试需要而酌增的条目。

2. 本表仅供普通话水平测试第二项——读多音节词语（100 个音节）测试使用。本表儿化音节，在书面上一律加“儿”，但并不表明所列词语在任何语用场合都必须儿化。

3. 本表共收词 189 条，按儿化韵母的汉语拼音字母顺序排列。

4. 本表列出原形韵母和所对应的儿化韵，用 > 表示条目中儿化音节的注音，只在基本形式后面加 r，如一会儿 yīhuìr，不标语音上的实际变化。

5. 描写儿化韵中的“:”表示“:”之前的是主要元音（韵腹），不是介音（韵头）。注意：本书是借助汉语拼音描写儿化音节的实际发音。拼写时儿化音节要符合拼写规则。

一

a > ar	刀把儿 dāobàr	号码儿 hàomǎr
	戏法儿 xìfǎr	在哪儿 zàinǎr
	找茬儿 zhǎochár	打杂儿 dǎzár
	板擦儿 bǎncār	
ai > ar	名牌儿 míngpáir	鞋带儿 xiédàir
	壶盖儿 húgàir	小孩儿 xiǎoháir
	加塞儿 jiāsāir	
an > ar	快板儿 kuàibǎnr	老伴儿 lǎobànr
	蒜瓣儿 suànbànr	脸盘儿 liǎnpánr
	脸蛋儿 liǎndànr	收摊儿 shōutānr
	栅栏儿 zhàlanr	包干儿 bāogānr
	笔杆儿 bǐgǎnr	门槛儿 ménkǎnr

二

ang > ar（鼻化）	药方儿 yàofāngr	赶趟儿 gǎntàngr
	香肠儿 xiāngchángr	瓜瓤儿 guārángr

三

ia > iar	掉价儿 diàojiàr	一下儿 yīxiàr
	豆芽儿 dòuyár	
ian > iar	小辫儿 xiǎobiànr	照片儿 zhàopiānr
	扇面儿 shànmiànr	差点儿 chàdiǎnr
	一点儿 yīdiǎnr	雨点儿 yǔdiǎnr
	聊天儿 liáotiānr	拉链儿 lāliànr
	冒尖儿 màojiānr	坎肩儿 kǎnjiānr
	牙签儿 yáqiānr	露馅儿 lòuxiànr
	心眼儿 xīnyǎnr	

四

iang > iar（鼻化）	鼻梁儿 bíliángr	透亮儿 tòuliàngr
	花样儿 huāyàngr	

五

ua > uar	脑瓜儿 nǎoguār	大褂儿 dàguàr
	麻花儿 máhuār	笑话儿 xiàohuar
	牙刷儿 yáshuār	
uai > uar	一块儿 yīkuàir	
uan > uar	茶馆儿 cháguǎnr	饭馆儿 fànguǎnr

	火罐儿 huǒguànr	落款儿 luòkuǎnr
	打转儿 dǎzhuànr	拐弯儿 guǎiwānr
	好玩儿 hǎowánr	大腕儿 dàwànr
六		
uang > uar （鼻化）	蛋黄儿 dànhuángr	打晃儿 dǎhuàngr
	天窗儿 tiānchuāngr	
七		
üan > üar	烟卷儿 yānjuǎnr	手绢儿 shǒujuànr
	出圈儿 chūquānr	包圆儿 bāoyuánr
	人缘儿 rényuánr	绕远儿 ràoyuǎnr
	杂院儿 záyuànr	
八		
ei > er	刀背儿 dāobèir	摸黑儿 mōhēir
en > er	老本儿 lǎoběnr	花盆儿 huāpénr
	嗓门儿 sǎngménr	把门儿 bǎménr
	哥们儿 gēmenr	纳闷儿 nàmènr
	后跟儿 hòugēnr	高跟儿鞋 gāogēnrxié
	别针儿 biézhēnr	一阵儿 yīzhènr
	走神儿 zǒushénr	大婶儿 dàshěnr
	小人儿书 xiǎorénrshū	杏仁儿 xìngrénr
	刀刃儿 dāorènr	
九		
eng > er （鼻化）	钢镚儿 gāngbèngr	夹缝儿 jiāfèngr
	脖颈儿 bógěngr	提成儿 tíchéngr
十		
ie > ier	半截儿 bànjiér	小鞋儿 xiǎoxiér
üe > üer	旦角儿 dànjuér	主角儿 zhǔjuér
十一		
uei > uer	跑腿儿 pǎotuǐr	一会儿 yīhuìr
	耳垂儿 ěrchuír	墨水儿 mòshuǐr
	围嘴儿 wéizuǐr	走味儿 zǒuwèir
uen > uer	打盹儿 dǎdǔnr	胖墩儿 pàngdūnr
	砂轮儿 shālúnr	冰棍儿 bīnggùnr
	没准儿 méizhǔnr	开春儿 kāichūnr
ueng > uer （鼻化）	* 小瓮儿 （xiǎowèngr）	
十二		
-i （前） > er	瓜子儿 guāzǐr	石子儿 shízǐr

	没词儿 méicír	挑刺儿 tiāocìr
-i（后）>er	墨汁儿 mòzhīr	锯齿儿 jùchǐr
	记事儿 jìshìr	
十三		
i > i：er	针鼻儿 zhēnbír	垫底儿 diàndǐr
	肚脐儿 dùqír	玩意儿 wányìr
in > i：er	有劲儿 yǒujìnr	送信儿 sòngxìnr
	脚印儿 jiǎoyìnr	
十四		
ing > i：er（鼻化）	花瓶儿 huāpíngr	打鸣儿 dǎmíngr
	图钉儿 túdīngr	门铃儿 ménlíngr
	眼镜儿 yǎnjìngr	蛋清儿 dànqīngr
	火星儿 huǒxīngr	人影儿 rényǐngr
十五		
ü > ü：er	毛驴儿 máolǘr	小曲儿 xiǎoqǔr
	痰盂儿 tányúr	
ün > ü：er	合群儿 héqúnr	
十六		
e > er	模特儿 mótèr	逗乐儿 dòulèr
	唱歌儿 chànggēr	挨个儿 āigèr
	打嗝儿 dǎgér	饭盒儿 fànhér
	在这儿 zàizhèr	
十七		
u > ur	碎步儿 suìbùr	没谱儿 méipǔr
	儿媳妇儿 érxífur	梨核儿 líhúr
	泪珠儿 lèizhūr	有数儿 yǒushùr
十八		
ong > or（鼻化）	果冻儿 guǒdòngr	门洞儿 méndòngr
	胡同儿 hútòngr	抽空儿 chōukòngr
	酒盅儿 jiǔzhōngr	小葱儿 xiǎocōngr
iong > ior（鼻化）	* 小熊儿 xiǎoxióngr	
十九		
ao > aor	红包儿 hóngbāor	灯泡儿 dēngpàor
	半道儿 bàndàor	手套儿 shǒutàor
	跳高儿 tiàogāor	叫好儿 jiàohǎor
	口罩儿 kǒuzhàor	绝着儿 juézhāor
	口哨儿 kǒushàor	蜜枣儿 mìzǎor

二十		
iao > iaor	鱼漂儿 yúpiāor	火苗儿 huǒmiáor
	跑调儿 pǎodiàor	面条儿 miàntiáor
	豆角儿 dòujiǎor	开窍儿 kāiqiàor
二十一		
ou > our	衣兜儿 yīdōur	老头儿 lǎotóur
	年头儿 niántóur	小偷儿 xiǎotōur
	门口儿 ménkǒur	纽扣儿 niǔkòur
	线轴儿 xiànzhóur	小丑儿 xiǎochǒur
二十二		
iou > iour	顶牛儿 dǐngniúr	抓阄儿 zhuājiūr
	棉球儿 miánqiúr	加油儿 jiāyóur
二十三		
uo（o） > uor	火锅儿 huǒguōr	做活儿 zuòhuór
	大伙儿 dàhuǒr	邮戳儿 yóuchuōr
	小说儿 xiǎoshuōr	被窝儿 bèiwōr
	耳膜儿 ěrmór	粉末儿 fěnmòr

【学以致用】

1. 轻声对比辨音训练（后一个词发轻声）。

饭前—饭钱　酒菜—韭菜　笔画—比划　电子—垫子　蛇头—舌头　笔试—比试　面巾—面筋　服气—福气

2. 读绕口令。

一二三四五六七，七六五四三二一，七个阿姨来摘果，七个花篮手中提，七个果子摆七样：橘子、桃子、石榴、柿子、李子、栗子、梨。

一颗星，亮晶晶，两颗星，眨眼睛，许多许多小星星，数呀数呀数不清。

小女孩儿，红脸蛋儿，红头绳儿，扎小辫儿，黑眼珠儿，滴流转儿，手儿巧，心眼儿快，会做袜子会做鞋儿，又会浇花儿，又会做饭儿。

油一缸，豆一筐，老鼠嗅着油豆香，爬上缸，跳进筐，偷油偷豆两头忙，又高兴，又慌张，脚一滑，身一晃，"扑通"一声跌进缸。

3. 用普通话朗读短文。

每个人，随着成长，都有一个阅读的过程和自己喜欢的作者。在一首台湾校园歌曲《橄榄树》唱红大江南北的年代里，我知道了三毛，她就是那首著名歌曲的词作者。以后，又读了她的小说，不禁打心眼里喜欢这名中国台湾女作家。

三毛，原名陈平，祖籍浙江舟山定海县。她去世的时候正值"海湾战争"爆发，重大的国际事件冲淡了三毛的死讯，可我却不在乎战争硝烟，独自为三毛足足哀悼了一个星期。她短暂的一生如梦如烟，却给当时的人们留下了大量独具个性的文字，恰似一个不食人间烟火、飘飘欲仙的精灵，让当时的少男少女耳目一新。

那时候，读她的《拾荒梦》。三毛数理化极差，唯独作文写得好，因此，语文老师把她的作文当做范文朗读。可这回她这样读道："我的志愿——我有一天长大了，希望做一个拾破烂的人，因为这种职业，不但可以呼吸新鲜空气，同时又可以大街小巷地游走玩耍，一面工作一面游戏，自由快乐得如同天上的飞鸟。更重要的是，人们常常不知不觉地将许多还可以利用的好东西当做垃圾丢掉，拾破烂的人最愉快的时刻就是将这些蒙尘的好东西再度发掘出来，这……"

还没等三毛读完，老师的一个黑板擦掷了过来，打断了小三毛的朗读，并被罚重写。

于是，三毛又写道："我有一天长大了，希望做一个夏天卖棒冰，冬天卖烤红薯的街头小贩，因为这种职业不但可以呼吸新鲜空气，又可以大街小巷的游走玩耍，更重要的是，一面做生意，一面可以顺便看看，沿街的垃圾箱里，有没有被人丢弃的好东西，这……"

当然，又被老师打了个大红的"×"。

读到这里，我被三毛的笔法所打动，忍俊不禁地发出会心的笑声。

三毛漂泊的一生，足迹几乎踏遍了世界各地，《橄榄树》的歌词，其实就是她毕生的写照。她和她的荷兰丈夫荷西，相濡以沫，共同在撒哈拉大沙漠上生活了六年。三毛在《撒哈拉的故事》、《哭泣的骆驼》等作品中，有动人的描写。可惜，荷西在一次意外的事故中过早地离开了人世。"曾经沧海难为水，除却巫山不是云"，她更是备感孤独。从此，三毛孑然一身。

三毛一生著述丰富，写了许多脍炙人口的作品，在完成了剧本《滚滚红尘》以后，于1991年1月4日自缢于台湾"荣民医院"，世寿48岁。对于她的死，世人有种种的猜测和议论。在这里我只想这样说，三毛是个亘古仅有的人物，她恰似一个不食人间烟火的仙女，飘然而来，飘然而去，是非我等凡夫俗子所能理解的。

节选自春申君《曾经的三毛》

第七课 词汇和语法的规范与辨正

应知导航

（1）掌握词汇规范的含义及其要求。

（2）掌握语法规范的含义及其要求。

知识探究

汉语方言和普通话存在很大的差异，这种差异不仅表现在语音上，还表现在词汇和语法上。如果用方言的词汇和语法，即使用普通话的语音也不是标准的普通话。学好普通话，还应该学习普通话的词汇和语法。

一、词汇的规范与辨正

（一）词汇的规范

普通话以北方话为基础方言，北方方言使用范围广，因而也具有极大的普遍性，但并不是北方话中所有的词汇都可以进入普通话。北方话使用地区多，使用范围广，各地的差异也大。例如，普通话里的“晚上”在方言里就有很多说法，山东话很多地方有“后晌、后下、黑下”等说法，成都话是“晚黑”，西安话是“黑咧”。这些方言词汇只能在本地通用，外地人听不懂，不具有普遍性，因而也不能进入普通话词汇。

词汇的规范是指根据普通话的词汇标准来消除词汇方面存在的差异，目的是促进地区、民族间的人们更好地交流沟通，促进经济的发展、民族的团结。词汇的规范并不是要消除方言词汇，相反，普通话还要吸收方言词汇中有生命力的词汇从而不断地丰富和发展自己。

（二）词汇规范的要求

词汇的规范首先要遵循一定的标准，而词汇标准的制定是词汇规范化的首要工作。普通话的定义中有对词汇标准的规定，但实际的情况要复杂得多，因此在中华人民共和国成立之后，语言学家先后编写了《现代汉语词典》、《新华字典》等，使词汇的使用有了一定的标准。但是，社会发展非常迅速，词汇的发展也十分复杂。因此，词汇的规范是一项长期的任务。

目前要做的规范工作，主要有维护既有的词语规范，更重要的是对普通话从方言词、古语词以及其他语言中吸收进来的成分进行规范。

对吸收进来的词语进行规范，有几项标准：首先是考虑词语在普通话中有无存在的必要，即这个词是否反映了社会的发展，是否适应了表达的需要；其次要考虑词语的普遍性，即这个词在社会中是否具有较广的使用范围，是否具有较高的使用频率；还要考虑词语的明确性，即这个词的意义是否明确，是否容易为人们所理解和接受。

1. 方言词的规范

学习普通话要特别注意方言词的使用。方言词的规范主要如下。

（1）普通话词汇是以北方话为基础方言的，但是普通话词汇比北方方言词汇更具有普遍性。北方方言的土语是不能进入普通话词汇的，因为它们不具有普遍性。

（2）普通话词汇并不排斥方言区中具有特殊表现范围、富有表现力而普通话中又没有其他同义词汇可以替代的方言词。例如，“瘪三”原是吴方言词汇，现已广泛使用，成为普通话词汇。还有，诸如“牦牛”、“芒果”、“荔枝”等，尽管是方言词汇，但普通话没必要再造新词，而是直接吸收过来成为普通话的一部分。

（3）不要滥用方言词汇，那些使用范围狭窄、表意不明确的方言词汇是不能进入普通话词汇的。

2. 古语词的规范

现代汉语是从古汉语发展而来的，有意识地吸收一些有生命力的古语词，可以丰富普通话的表现力，这是十分必要的，但是古语词不能滥用。那些生僻的、令人费解的、早已被淘汰的古词语应避免使用。例如，应用“原谅”而不能用“原宥”。

3. 外来词的规范

采用外来词的通用书写方式，如用“高尔基”不用“戈里基”。使用意译的外来词，避免使用音译的外来词（人名、地名、国名等专有名词除外），如使用“青霉素”而不使用“盘尼西林”等。使用汉语已有的词语可以表达清楚、不产生歧义的，就不要标新立异使用外来词，如不能把“小提琴”说成“梵哑铃”等。

词汇辨正举例，如表 7－1 所示。

▼表 7－1　词汇辨正举例

普通话	方言
不行	不中/勿可以/唔得
中午	晌午/日昼/日中心
晚上	下晚/夜里向/晚黑
刚才	将才/才将/头先
昨天	夜来/昨日子/琴日
片刻	一刹儿/一歇歇/一阵间
不知道	知不道/勿晓得/唔知

二、语法的规范与辨正

（一）语法的规范

语法规范是推广和学习普通话的一个重要方面。制定并推广普通话的语法标准是语法规范的重要工作。普通话中对语法的要求是“以典范的现代白话文著作为语法规范”。然而，语言的发展是十分复杂的，它随社会的发展而发展，在发展过程中总会有一些容易让人引起误解、不明确、产生歧义的现象，给人们的日常交往与沟通带来不便，甚至在普通话内部也有一些表达存在分歧。例如，“我差一点迟到了”和“我差一点没迟到”经常混用，这也是语法规范所要做的工作。

(二) 语法规范的要求

与词汇的规范一样，制定语法规范的标准是语法规范的首要工作。普通话定义中有对语法标准的要求，“以典范的现代白话文著作为语法规范”。“典范的”指具有较为广泛的代表性，同时具有示范性；“现代白话文”指“五四运动”之后的白话文，区别于宋元时期的古白话，也区别于“五四运动”之前的早期白话；“典范的现代白话文著作”是指现代著名作家的优秀白话文著作，这些作品广为流传，拥有广泛的读者群，对于推广普通话的语法标准是非常有效的。

当然，典范现代白话文著作中的一般用例才可以作为语法规范，有些特殊用例，即使是出自名家笔下的优秀著作，仍不能作为语法规范。

语法规范，包括对方言语法、文言语法等的规范。方言中有很多语法不同于普通话，如“我家去”，普通话的表达是“我回家去”，是主语+谓语+宾语的组合，而方言中则把宾语提前，这样的表达只在一小片区域内使用，不具有普遍性，不符合普通话的语法。同时，不要滥用文言语法，避免使用一些生僻的语法现象。

语法辨正举例，如表7-2所示。

表7-2 语法辨正举例

普通话	方言
他非常可爱。	他好好可爱。
今天上午她来过。	今天上午她有来过。
送我一件衣服。	衣服送一件给我。
多用一点时间来陪孩子。	用多一点时间来陪孩子。
我唱歌比他好。	我唱歌好过他。
宁肯我去，也不能叫你去。	情愿我去，也不能叫你去。
他把我关在门外了。	他关我门外了。
他不会说谎。	他说不来谎。

【学以致用】

1. 读下列词汇，注意它们和普通话的区别。

旮旯（角落） 电棒子（手电筒） 罗锅（驼背的人） 老豆、大、爷（父亲）

脑袋瓜子、头壳（脑袋） 好多、老多（许多） 下晚、晚黑、夜来（晚上）

多咱（什么时候） 饥困（饿） 手戳（图章） 唠嗑、拉瓜（闲谈）

2. 用普通话朗读下面文章。

圣诞节的下午，大雪纷飞，一位老妇人在雪中踽踽独行。

一对年轻的夫妇谈笑风生，抱着满怀的圣诞礼物，他们没有注意到那位老妇人。一位母亲领着两个孩子，在前往孩子祖母家的路上匆匆走过，他们也没注意到老妇人。一位牧师右手拿着《圣经》神气十足地走过去，像一个全副武装的基督战士。然而，他的思维定格在神圣的事情上，并没有留意到她。

如果这些人注意一下，他们就会发现那个老妇人没有穿鞋，光着脚走在冰天雪地里。她双手紧紧地攥着没有纽扣、破旧不堪的外套衣领，抵御寒风。

到了汽车站，她停了下来，弓腰驼背，红蓝相间的围巾裹在头上。她在等候去市中心的公交车。一位绅士拿着一个看起来挺重要的公文包，在她边上等车，不敢靠得太近。毕竟，她可能会有某种传染病。一个十几岁模样的女孩也在等车，她看了好几次老妇人的脚，但什么也没有说。

公交车来了，老妇人慢吞吞地、费劲地上了车，坐在司机身后靠边的座位上。绅士和女孩都冲到了车尾。与老妇人坐在一起的男人坐立不安，抚弄着大拇指。

一个小男孩指着那个老妇人说："快看呀，妈妈，那个老奶奶光着脚！"尴尬的母亲把他的手拽了下来说："不要指着别人，安德鲁！那样不礼貌。"接着，她的目光投向了窗外。"她肯定有成年的子女，"一位穿着皮大衣的女士说，"她的孩子们该为自己的行为感到羞耻。"她有一种道德优越感，因为她把自己的母亲照顾得很好。一位老师坐在汽车的中部，扶着她膝上的礼物袋，对坐在她旁边的朋友说："难道我们交的税还不够处理这种情况吗？""人们应该学会存钱。如果她在年轻的时候存了钱，现在就不会受苦了，这是她自己的错。"一个衣着得体的年轻大学生补充说。

所有人都露出了满意的微笑，因为他们都发表了如此精辟的分析。

这些同胞对人漠不关心的态度，引起了一位善良商人的反感，他从钱包里取出一张崭新的20美元钞票，走过过道，上前塞进老妇人颤巍巍、满是皱纹的手中。"拿着，夫人，给您买双鞋。"老妇人点点头作为答谢。商人大踏步地走回自己的座位，对自己十分满意——因为他不是一个光说不做的人。

到了下一站，一个年轻人上了车。他穿着一件厚重的蓝夹克，脖子上还围着一条围巾，灰色的羊毛帽罩住了耳朵。一根线在他的帽子下绕着一直到耳朵里，与一个随身听连着，他的身体随着只有他自己能听到的音乐摇摆。付过车费后，他一屁股坐在一个靠过道的座位上，正好与老妇人斜对角。

但当年轻人瞥见老妇人光着的双脚时，他身体立刻停止了晃动，一下子僵住了。他的目光从老妇人那里移到了自己的脚上，他穿着一双崭新的、昂贵的名牌运动鞋。年轻人弯下腰，开始解他的鞋带。他脱掉了他抢眼的新鞋子，又脱掉了袜子，然后在老妇人面前蹲了下来。"夫人，"他说，"我看见您没穿鞋，那就把我的鞋给您吧。"慢慢地，轻轻地，他双手抬起老妇人那长着厚茧的双脚，把自己的鞋袜给老妇人穿上。老妇人使劲地点点头表示感谢。

汽车到了下一站。年轻人下了车，光着脚走在雪地里。乘客都涌到窗前，看着他光脚艰难地在雪地里走远。

"他是谁？"一个人问道。

"他一定是一位先知。"一个人说。"他一定是个圣人。"另一个人说。"他一定是位天使。"又有一人说。

但那个指过老妇人的小男孩说："不，妈妈，我看得很清楚，他只是一个普通人。"

选自暮秋编译《只是一个普通人》

开篇寄语

优秀的朗读能把丰富复杂的思想情感同各种语音技巧完美地结合起来，使平面的文本变成立体的场景，干枯的笔画变成丰满的形象，带给听者美的享受。

应用篇

第一课 朗读概述

应知导航

（1）了解朗读的基本要求。

（2）掌握朗读的几种技巧。

知识探究

朗读，通俗地说就是大声读书，严格地说是把文字作品转化为有声语言的创作活动，也就是通过富有感染力的声音，准确、形象地传达文字所表现的内容的活动。朗读的过程，是“取他人之作，由自己所读，为别人所听”的过程。朗读是学好普通话、提高普通话水平的重要途径，有助于丰富知识、积累词汇、增强语感、提高语言表达能力。

一、朗读的基本要求

（一）读准语音

朗读好一篇作品，读准语音是最基本的要求。普通话朗读，不仅要求做到不漏字、改字、填字等，还要注意变调、儿化、轻声等音变现象，在语音方面要求很高。在朗读过程中要注意以下问题。

1. 使用普通话语音

注意普通话和自己方言在语音上的差异，并找出规律进行纠正，多查字典词典，熟悉字音、声调，加强记忆，反复练习，并注意儿化和轻声现象。

2. 注意音变现象

普通话语音中有很多受相邻音节的影响，声调、读音发生变化，要熟练掌握这些音变的规律，在朗读过程中才能避免读错。常见的音变现象有变调、轻声、儿化以及语气词“啊”的变读。

3. 读准多音多义字

汉语里有很多多音多义字，在朗读的过程中要注意根据语境来确定读音。例如，“和”

字，在“和平”里读“hé”，在“唱和”里读“hè”，在“和面”里读“huó”，在“和弄”里读“huò”。

4. 读准形近字

汉语里有很多形近字，不能根据结构中的字来读。例如，“鞭笞”中的“笞”（chī），不能读做“台”（tái）。

5. 注意异读词的读音

在普通话词汇中，称音义相同或相近但习惯上由两种或多种不同读法的词为“异读词”。为了使这些读音规范，国家于20世纪50年代就组织了“普通话审音委员会”，对普通话异读词的读音进行了审定，历经几十年，几易其稿。1985年，国家公布了《普通话异读词审音表》，要求全国文教、出版、广播及其他部门、行业所涉及的普通话异读词的读音、标音，均以这个新的审音表为准。在使用审音表的时候，最好是对照着工具书，如《新华字典》、《现代汉语词典》等来看，先看某个字的全部读音、义项和用例，然后再看审音表中的读音和用例。比较以后，如发现两者有不合之处，一律以审音表为准。这样就可以达到读音规范的目的。

（二）把握作品的主题

俗话说，不打无准备之仗。对于朗读而言，就是要在朗读之前认真分析文章，把握作品的主题，了解其结构，确定作品的情感基调。理解作品是朗读作品成功的关键。这需要在朗读作品之前反复阅读该作品，了解作品的写作背景，了解作者的思想感情，把握作品的主要内容、中心思想；然后仔细揣摩每一节、每一段甚至每一句，把握好作品的感情，再运用一定的朗读技巧对作品进行朗读再创作，用自己的声音传达这种感情，这样才能引起听众的共鸣。

理解作品还需要针对不同的体裁采用不同的方法。如果是散文，就要重点了解作者通过什么抒发了怎样的感情；如果是议论文，就要重点掌握议论文的主要观点、重要论据；如果是小说，要了解人物在怎样的环境中通过什么事件表现了什么性格。

（三）具体感受作品

深入理解作品，还需要具体地感受作品。朗读中的具体感受指的是通过想象和联想，把理解的作品内容形象化和具体化，也就是把在作品中看到的情境转化为朗读者眼中的东西，朗读者完全置身于作品中，作品所表现的内容如在朗读者眼前。这样才是更好地把握了文章，通过朗读者的声音，作品的内容才能更准确地传达给听众。

好的朗读者可以通过作品所描写的情景、人物，在自己的大脑中形成一幅画。例如，读峻青的《第一场雪》，“……山川、河流、树木、房屋，全都罩上了一层厚厚的雪，万里江山，变成了粉妆玉砌的世界。落光了叶子的柳树上挂满了毛茸茸的亮晶晶的银条儿，而那些冬夏常青的松树和柏树上，则挂满了蓬蓬松松沉甸甸的雪球儿……”朗读者在脑海中形成这样一幅北国的雪图。朗读起文章来，就像看着脑中的图画向听众娓娓道来，从而引起听众的联想与想象，把听众带到作品的意境中来，形成听众脑中的图像。可见，理解并具体感受作品才可以传达作品的精髓，具体感受对于朗读来说也是非常重要的。

（四）把握作品基调

在把握作品的主题、具体感受作品的基础上，就可以确定作品的基调。作品的基调是指作品总的态度、感情，总的色彩和分量。每一篇作品都有一个完整统一的基调，它是一种整体感，是层次、段落、语句中具体思想感情的综合表露，是各部分具体情感的总和。朗读的基调来自作品的基调，把握作品的基调就是要把握好作品的这种整体感。古今中外优秀的文学作品，字里行间均显露着作者的态度情感。朗读，就是要让这些态度情感通过声音流露出来，激发听众的情感，拨动他们的心弦。那么，如何把握作品的基调呢？可以从作品的内容和中心思想入手，抓住作者所要表达的情感来概括提炼，作品的基调就很容易确定，作品的基调确定了，朗读的基调也就可以把握了。例如，《荔枝蜜》的作者借赞美勤劳的蜜蜂来歌颂为建设美好生活而无私奉献的劳动人民，这是文章的主要内容和中心思想，由此可以确定朗读的基调是热情歌颂。只有找准作品的基调，有了爱憎分明的感情，才能做到以情带声，声情并茂。如果把握不准基调，单纯从技巧出发，脱离文章的思想内容，是达不到应有的朗读效果的。

二、朗读的基本技巧

理解文章、把握文章的基调是朗读的基础，但仅有这些还是不够的。朗读是一种创造性的活动，它的创造性就表现在把理解的文章的思想借助声音传达出来。如何通过声音传达思想，这就需要朗读的技巧了。

（一）呼吸

学会自如地控制自己的呼吸非常重要，因为这样发出来的音坚实有力，音质优美，而且传送得较远。有的人在朗读时呼吸显得急促，甚至上气不接下气，这是因为他使用的是胸式呼吸，不能自如地控制自己的呼吸。朗读需要有较充足的气流，一般采用的是胸腹式呼吸法。它的特点是胸腔、腹腔都配合着呼吸进行收缩或扩张，尤其要注意横膈膜的运动。我们可以进行缓慢而均匀的呼吸训练，从中体会用腹肌控制呼吸的方法。

（二）吐字

吐字的技巧不仅关系到音节的清晰度，而且关系到声音的圆润、饱满。要吐字清楚，首先，要熟练地掌握常用词语的标准音，朗读时要熟悉每个音节的声母、韵母、声调，按照它们的标准音来发音。其次，要力求克服发音含糊、吐字不清的毛病。这个毛病的形成原因主要有 3 个方面，一是在声母的成阻阶段比较马虎，不大注意发音器官的准确部位；二是在韵母阶段不大注意口形和舌位；三是发音吐字速度太快。平时多练习绕口令就是为了练好吐字的基本功。

（三）停顿

停顿是指在说话或朗读时，由于生理的或句子结构的需要，在语句、段落之间出现的间歇。根据不同的需要划分，停顿主要包括说话时换气的生理停顿、表现语法结构的语法停顿、表达语义的逻辑停顿和表达感情的感情停顿。

1. 生理停顿

我们不可能一口气把一篇文章读完，中间需要停下来换气，这种停顿是生理的需要，所以称其为生理停顿。朗读时如果忽视生理停顿，就会缺乏最基本的自然美感。特别是很长的句子，中间没有较多的标点符号，要想读好，中间必须加入适当停顿以调节气息。只有这样才能表现语言的节奏，清晰地揭示句子的内在联系。

2. 语法停顿

语法停顿是根据语法结构所做的停顿。这种停顿主要显示词组和词组、句子和句子、段落和段落之间的语法关系。词与词之间、句与句之间、段与段之间意义上的关联表现在书面上就是一些标点符号。因此，标点符号是语法停顿的书面标志。标点符号不同，停顿的时间也不同。句中的符号，顿号的停顿时间最短，逗号次之，分号再次之。句末的符号，停顿时间要比分号长，章节段落之间的停顿还要更长一些。根据标点符号采取不同的停顿，可以使说话顿挫有度，语意层次分明。

在没有标点的地方，有时也需要适当的语法停顿。例如在较长的句子中，可以根据句子成分的不同，如主谓之间，适当采取停顿。例如，“控制紧张情绪的/最佳做法//是选择你有所了解并感兴趣的/话题”（双斜线表示停顿时间较长，单斜线表示停顿时间较短），这是根据主谓和定中的关系来划分的。

3. 逻辑停顿

为了突出或强调某一事物或观点而在句中没有标点的地方所做的停顿，叫做逻辑停顿，如“这个会议//和今后的工作的开展//有//很大关系”。逻辑停顿的多少与语速快慢以及句子的长短有关。一般而言，句子短小且语速较快时，逻辑停顿少；句子较长且语速较慢时，逻辑停顿则适当增加。正确设置逻辑停顿的位置，需要准确理解语句的意思。

4. 感情停顿

为了突出某种强烈的感情而做的停顿，叫做感情停顿。例如，“我/不/知/道!”，表现人物决绝的态度。

（四）重音

朗读中会着重强调某些词语或句子，这种着意加重词语或句子读音的现象叫重音。根据产生原因的不同，可以把重音分成以下两种。

1. 语法重音

语法重音是根据句子语法结构的特点而着重读出的音。它强调读出某些关键性词语，如谓语动词、名词前面的某些重要词语等。

（1）谓语动词。

举例：①中国人民从此站起来了！

②她已经走了。

（2）名词前面的定语。

举例：①我们的人民最勇敢、最勤劳。

②花园的花开得越来越繁盛了。

(3) 表示结果或程度的补语。

举例：①这篇文章分析得十分到位。

②今晚的演出精彩极了。

(4) 表示性状和程度的状语。

举例：①我们要努力工作。

②我们一定会成功的！

(5) 表示疑问和指示的代词。

举例：①谁是最可爱的人呢？

②这样的活动应该多举办。

2. 逻辑重音

逻辑重音是为了突出强调句子中的某些词语而着重读出的音，重音的位置不固定，要根据文章或说话人的要求和感情需要来确定哪些词语需要重读。同一句话由于重音位置的不同可以表达出不同的意思来。例如：

我知道你的名字。(别人不知道)

我知道你的名字。(不要瞒我了)

我知道你的名字。(别人的名字我不知道)

我知道你的名字。(你的其他方面我不了解)

(五) 语调

语调是指语句的升降变化，又叫句调。常见的语调有升调、降调、平调和曲调4类。

1. 升调

调子由平升高，常用来表示反问、疑问、惊异或激动等语气，朗读时末字需上扬，如以下几种情况。

(1) 反问。

举例：①难道妈妈没来吗？

②我就不可以吗？

(2) 疑问。

举例：①今天你回家吗？

②你去哪了？

(3) 惊异。

举例：①原来是你！

②发生什么事啦？

(4) 呼唤。

举例：①妈！我回来了！

②妈妈！你别走！

2. 降调

调子先平后降，常用来表示陈述、肯定、感叹、请求等语气，句末音节短而低，如以下几种情况。

（1）陈述。

举例：①今天的天气很冷。

②他是本校的学生。

（2）肯定。

举例：①应该向他学习。

②他的水平很高。

（3）感叹。

举例：①阳光很好啊！

②长城多雄伟啊！

（4）请求。

举例：①爷爷，再给我讲个故事吧。

②答应我，和我一起走吧。

3. 平调

调子平而直，始终保持同样的状态，常用来表示叙述、冷淡、严肃等语气，如以下几种情况。

（1）叙述。

举例：我们大家都觉得他是个好人。

（2）冷淡。

举例：这事你自己看着办吧。

（3）严肃。

举例：我们不会忘记中国几百年来的屈辱史。

4. 曲调

调子先升后降，或先降后升，常用来表示复杂的感情（如意外、夸张、讽刺等），如以下几种情况。

（1）意外。

举例：啊？不会吧？这次考试又考砸了？

（2）夸张。

举例：他吃的可多了，三大碗饭都不够！

（3）讽刺、愤怒。

举例：①你不是精英吗？又聪明，又能干，又有文化！

②都是我的错——你哪有错呀！

（六）语速

语速是指在朗读时每个音节的长短及音节之间连接的松紧。在朗读时，适当地掌握速度的快慢，可以增强语言的表达效果。作品的内容和体裁决定朗读的速度。首先，根据内容掌握语速。朗读时的语速须与作品的情境相适应，根据作品的思想内容、故事情节、人物个性、环境背景、感情语气、语言特色来处理。当然，语速的快慢在一篇作品中并不是一成不变的，要根据具体的内容有所变化。其次，根据体裁掌握语速。不同的体裁对朗读的语速有不同的要求，要具体情况具体分析。

（1）急剧变化发展的场面宜用快读，平静、严肃的场面宜用慢读。

（2）紧张、焦急、慌乱、热烈、欢畅的心情宜用快读，沉重、悲痛、缅怀、悼念、失望的心情宜用慢读。

（3）不同的谈话方式，如辩论、争吵、急呼，宜用快读；闲谈、絮语，宜用慢读。

（4）不同的叙述方式，如作者的抨击、斥责、控诉、雄辩，宜用快读；一般的记叙、说明、追忆，宜用慢读。

第二课　各种文体的朗读

应知导航

（1）熟悉几种文体的朗读。

（2）掌握各种文体的朗读方法和技巧。

知识探究

一、诗歌的朗读

诗歌是指高度集中地概括、反映社会生活，饱含着作者丰富的感情和想象，语言精炼而且形象性极强，具有一定节奏和韵律的文学样式。朗读诗歌时要注意按照诗歌的特点进行朗读。

1. 准确再现诗歌的意境

诗歌语言的形象性极强，几个简单的字词组合，如“小桥流水人家”，就生动地勾勒出一幅绝美的画面。诗歌通常讲究情与景的结合，所谓实境与虚境的结合，其实就是诗歌的意境。意境是诗歌，尤其是中国古典诗歌的精髓。朗读时，要透过语言把握好诗歌的意境，把自己置身于诗歌所描画的意境中去，才能准确地再现诗歌的意境。

2. 体会作者真挚的情感

诗歌是饱含着作者真挚情感的文学体裁。朗读时，注意体会作者的强烈感情。例如，读初唐诗人陈子昂的《登幽州台歌》“前不见古人，后不见来者。念天地之悠悠，独怆然而涕下！”要体会作者面对辽阔悠远、空旷苍茫的幽州所抒发的那种孤独与悲愤的情绪。

3. 把握好诗歌的节奏与韵律

诗歌是节奏感和韵律感都很强的文体，在朗读时，要注意分好“音步”，读好“韵脚”。“音步”又叫节奏或节拍，是诗歌中有规律的停顿。每个“音步”包含几个音节，是根据诗歌的内容和语法结构来划分的。一个“音步”里包含音节多的，读得紧凑些，形成鲜明的节奏感；包含音节少的，读得舒缓些，形成舒缓的节奏。“韵脚”指有规律地在一定间隔的诗行末尾重复出现相同韵腹和韵尾的音节，如“万里雪飘”、“顿失滔滔”、“欲与天公试比高”韵脚是“ɑo”。

二、散文的朗读

散文是指篇幅短小、题材多样、形式自由、情文并茂且富有意境的文章体裁。其特点是通过叙述、描写、抒情、议论等各种表现手法，创造出一种自由灵活、形散神凝、生动感人的艺术境界。

散文总是从作者主观视点来观察世界万物，从中有所感悟，于是有感而发，抒发自己的感想。散文的朗读基调应该是平缓的，没有太大起伏的。即使是在作品的高潮，也不会像演讲那样异峰突起，慷慨激昂。在朗读时要用中等的速度、柔和的音色，一般用拉长而不用加重的方法来处理强调重音。

散文虽然不像诗歌那样有规整的节奏和严格的韵律，但是也讲究节奏和韵律美。散文的局部和某些句子也有对称结构。例如，“风轻悄悄的，草软绵绵的。”在朗读时，可以用相同的语调来读这对语句，使文中的韵律美表现出来。

散文也有不同的类型。有的散文以抒情为主，不写人和事，如朱自清先生著名的散文《荷塘月色》、《匆匆》都是在抒发作者的感受。有的文章中虽然也会出现一些事物，但是这些事物都是虚写而不是实写的，是概括而不是具体的。另外一种类型的散文稍有不同，这些散文中穿插着一些人和事。有时，正是这些人和事给了作者启示，由此而产生了感慨。在朗读时应该把其人其事作为散文的一个组成部分，而不是把它们作为一个故事来读。

1. 感情要真实

朗读散文应力求展示作者倾注在作品中的“情感”，充分表现作品中的人格意象。散文是心灵的体现，是真情的流露。朗读时要充分把握不同的主题、结构和风格。例如，茅盾的《白杨礼赞》热情地赞美了白杨树，进而赞美了北方的农民，赞美我们民族在解放斗争中所不可缺的质朴、坚强以及力求上进的精神。朗读时要充分把握这种感情基调。

2. 表达要有变化

散文语言自由、舒展，表达细腻生动，抒情、叙述、描写、设计相辅相成，显得生动、明快，对不同语体风格要区别处理。叙述性语言的朗读要语气舒展，声音明朗轻柔，娓娓动听；描写性语言要生动、形象、自然、贴切；抒情性语言要自然亲切、由衷而发；议论性语言要深沉含蓄、力透纸背。朗读者应把握文章的语言特点，恰如其分地处理好语气的高低、强弱，节奏的快慢、急缓，力求真切地把作者的“情”抒发出来，把握“形散神聚”的特点。

散文的结构布局多种多样，有横式的，有纵式的；有逐层深入的，有曲折迂回的。例如，袁鹰的散文《井冈翠竹》以毛竹的功绩为线索，围绕这根主线，作者回忆过去，展望未来，热情歌颂了中国人民的革命气节和革命精神，是一篇纵式结构文章；而鲁迅的散文《从百草园到三味书屋》则分别描述了百草园和三味书屋，是一篇对比结构的横式散文。

散文的结体式样很多，写法多样，但无论什么散文都是形散神聚，总是有一条清晰的线索贯穿全文，统领全篇。要么是自始至终有一种充沛的激情来描写感人肺腑的人和事，使全文浑然一体，如魏巍的《谁是最可爱的人》一文，作者向人展现的是一种激昂的爱国主义、国际主义之情；要么是以一些寓意深邃的话语统领全文，如柯岩的《岚山情思》就是以周总理病重时的一句情深意切的话为主旨进行构思的。朗读时应根据文章的主题和发展线索，用停顿的长短来显示文章的结构变化及语脉发展，用重音和语调来突出主题，使语脉清晰，聚而不散。

三、小说的朗读

小说是通过塑造人物形象来表现和反映现实生活的一种文学样式。人物、情节和环境是小说的三要素。朗读小说要注意按照小说的特点来进行朗读。

1. 抓住人物性格特征，鲜明地再现人物形象

小说是通过人物形象来反映社会生活的，塑造人物是小说的中心任务。朗读时，要抓住小说的人物形象。小说可以从很多方面来塑造人物，如人物的语言、动作、心理、面部表情等，通过这些方面的刻画，一个人物才能鲜活起来。朗读时，就要运用各种朗读技巧，鲜明地再现人物的语言、动作、心理等，从而使人物形象在听众的脑海中鲜活起来。还要注意不同人物有不同的性格，对于不同人物在朗读上也要有所体现。

2. 理清文章的脉络，完整地再现故事情节

故事情节也是小说描写的重点，通过对故事的开端、发展、高潮、结局的描述，来完成对人物的塑造。情节有清晰的发展脉络，有时间、地点、人物、事件，有开端、发展、高潮、结局，这些在朗读时可以用不同的语调来展现，针对不同部分灵活变换语调、语气，如开端部分的舒缓和高潮部分的紧张，都要有所展现。

3. 借助联想和想象，准确展现环境

小说的环境包括自然环境和社会环境，它对于人物的塑造和情节的发展都是非常重要的。环境，在某种程度上，奠定了小说的整体氛围，与小说的整体基调也是密切相关的。例如战乱时期，山河破败，民生凋敝，会给整部作品带来一种凄凉感。朗读时，要抓住环境的这种特征，把握好朗读的基调。还应注意语速和语调的使用，表现明丽、阳光、热闹等场景时，语速要快，语调要欢快；在表现黑暗、破败、冷清等场景时，语速要舒缓，语调要低沉。

四、议论文的阅读

议论文是一种用逻辑推理的方式明辨是非、论说道理的文体，它具有鲜明的态度、严密的推理和强有力的论据。在朗读这类文体时，也要按照自身的文体特点进行朗读。

1. 准确无误地展现论点

论点是作者对所论问题的主张、看法和态度，是议论文的核心所在。朗读时，要找准论点，运用重音等技巧，把论点准确无误、明白清楚地表现出来。

2. 清晰有力地展现论据

论据用事实和道理来论证论点的正确性，它是论证的依据，在议论文中同样占有很重要的位置。朗读时，要读准、读好重音，清晰有力地来摆事实、讲道理，有条不紊地来展现论据。

3. 态度鲜明，准确表达作者的感情

议论文的感情倾向性是非常明确的，是肯定、赞扬、歌颂，还是反对、否定、贬斥，在文中都有明确的展现。朗读者要注意作者的情感立场，并通过声音准确表达出来。

五、说明文的朗读

说明文具有条理清楚、结构严谨的特点，朗读时不像朗读其他文章需要投入一定的情感。说明文的朗读基调应较平实，在语速、停顿等方面可以用叙述的语气把文章读正确，强调说明文中所介绍事物的特点，使受众理解说明文的内容。说明文对科学知识的说明，是按序列层层展开的，为了让受众把握好说明文内在的层次结构，在朗读时主要靠正确的停顿、节奏的变化来感受文章的内在逻辑结构。

六、新闻消息的朗读

（一）新闻消息的语言特点

1. 准确无误

要坚持新闻完全真实的原则，除了新闻事实真实以外，运用语言也必须准确，这包括了语音、语法。准确，就是反映事物最本质、最切实的状况，不含糊、不笼统、不模棱两可。

2. 简洁明快

新闻消息要求快，要求短，这就决定了新闻消息语言要简明扼要、直截了当，不能拖泥带水、拖沓冗长。要尽量用最少的文字及时准确地报道事实真相。

3. 朴素实在

新闻消息用朴素实在的语言报道新闻事实，这也是区别于其他文体语言的主要标志之一。朴素即自然，自然本身就有一种独具个性的和谐内在的美。实在，就是表述时忌矫揉造作、渲染夸张。新闻消息的语言不能油腔滑调、花里胡哨。

4. 鲜活生动

新闻消息要及时、准确地反映丰富多彩、发展变化的客观事物，因此新闻消息的语言必须清新优美、富有动感，并且能够引人注目、耐人寻味。新闻的新鲜感决定了新闻消息语言的鲜活生动，这也是其特征之一。

（二）新闻消息的朗读技巧

新闻消息的朗读一般称为播报，要求语言标准、表达规范、舒展明快和朴实大方。

1. 语言标准

语言标准体现在两方面：一是标准的语音；二是正确的语法。新闻消息播报有特定的语言环境，要求语音必须准确清晰，只有准确清晰的语音才可能保证消息内容的准确无误。对新闻播报语言的高标准严要求还体现在所使用语言的语法上，因为只有语音标准、语法正确，才能够确保语言传播的准确。

2. 表达规范

有声语言表达有很多技巧，但是在新闻消息播报中对表达的要求相对规范。不能像文学艺术作品那样可以有更多的个性化理解和表达，新闻消息讲求客观真实，所以在播报新闻消息的时候语言表达相对客观，不能有太多主观色彩和太过夸张的处理。新闻稿件简洁明了的特点使新闻播报的语言表达更注重对新闻事实的客观报道，因此要多连而少停、重音少且精，要语势常扬、语尾不坠，不悠荡，不拖腔拉调。

3. 舒展明快

在新闻消息播报的用声上和表达上要尽量做到舒展明快。在新闻消息播报中多使用实声，新闻的客观性要求用实声加强新闻的可信性，声音不能挤捏，要松弛、自然，吐字要颗粒饱满、字字珠玑。在表达上，由于新闻的时效性以及新闻具有新鲜性的特点，新闻消息播报的节奏要明快一些，要做到“快而不乱”。

4. 朴实大方

朴实大方是对新闻消息播报总的状态的概括，在吐字发声、表达技巧当中贯穿着朴实大方，在整体语言面貌和语言表达整体把握当中，更要求体现出一种客观真实的气质。

【知识拓展】

朗读备稿

朗读是一项口头语言的艺术，需要创造性地还原语气，使无声的书面语言变成活生生的有声语言的创作活动。如果说写文章是一种创造，那么朗读则是一种再创造。如何才能朗读好一篇文章呢？这就要求“有备而来”。下面就介绍一下如何备稿。

一、概括主题

主题是指一篇文章所表现的思想意义，也叫中心思想。概括主题有利于提示出深刻思想含义，调动朗读者的思想情感。如何概括文章的中心思想呢？

1. 看文章的题目

有些文章，它的题目本身就揭示了中心思想或是中心思想的高度概括。从题目可以看出文章主要写了什么，反映了什么问题，通过对这些问题的回答，并把这些回答连接起来，就概括出了中心思想。

2. 看文章的开头和结尾

一篇好的文章，为了便于读者把握文章的题旨，通常在开头或结尾处，有点明中心的句子或段落。一般来说，在开头有首领文章的作用，在文章的结尾有总结全文、点明中心的作用。分析好这些开头和结尾就能准确地概括文章的中心思想。

3. 看文章的中心句

文章的中心句是文章思想感情集中的反映，体现作者的写作目的，往往直接点明中心思想。找准了中心句，就可以归纳出文章的中心思想。文章的中心句通常出现在文章的开头和结尾。

4. 看重点段落

文章的重点段落是为了突出文章的中心思想。抓住重点段落的分析，就能准确地概括文章的中心思想。

5. 看重要人物

写人的记叙文，往往是从重要的人物身上就能体现出中心思想。抓住重要人物的所做、所为、所想、所感就可以把握文章的中心思想。

6. 看主要事件

记事的记叙文，事件都有主要事件和次要事件，抓住主要事件去分析，想想是写了什么事，歌颂了什么，反映了什么，说明了什么，就可以捕捉到文章的中心思想。

7. 看文章的议论抒情

在文章中，记叙和描写部分好比画龙，议论和抒情部分就是点睛，点睛部分往往揭示了文章的中心思想。

8. 看文章的细节

文章的细节描写是为表现中心服务的，因此，认真体会文章的细节描写，了解这些细写对突出文章的中心起了什么作用，对理解文章的中心大有帮助。

9. 看关键人物的语言、动作、心理活动描写

人物的语言、动作、心理活动等描写往往体现出文章的中心思想。

10. 看文章的体裁

如果文章是说明文，它有自己的特点，文章的主要内容就是中心思想，不必穿靴戴帽。主题一般用“通过……表扬（或批评）……揭示了……”的句型来概括。

二、把握基调

基调是指作品的基本情调，即作品的总的态度感情，总的色彩和分量。任何一篇作品，都会有一个统一完整的基调。朗读作品必须把握住作品的基调，因为作品的基调是一个整体概念，是层次、段落、语句中具体思想感情的综合表露。要把握好基调，必须深入分析、理解作品的思想内容，力求从作品的体裁、主题、结构、语言，以及综合各种要素而形成的风格等方面入手，进行认真、充分和有效的解析。只有如此，朗读者才能产生出真实的感情和鲜明的态度，产生出内在的、急于要表达的律动。只有经历这样一个复杂的过程，作品的思想才能成为朗读者的思想，作品的感情才能成为朗读者的感情，作品的语言表达才能成为朗读者要说的话。也只有经历这样一个复杂的过程，朗读者才能从作品思想内容出发，把握住基调，读出作者的喜怒哀乐或悲欢离合。

文章的基调主要有明朗、低沉、平淡、高亢、哀婉、悲愤等，但每篇文章表达感情的不同又都有自己独特的基调。有的文章甚至不同的部分基调也不一样。如下面几例：

（1）毛泽东的《沁园春·雪》属于典型的昂扬激越、乐观向上的基调。

（2）马致远的《天净沙·秋思》属于典型的凄凉萧条、低沉委婉的基调。

（3）郭沫若的《天上的街灯》的基调是美好、恬静而略带一丝忧郁。

（4）朱自清的《荷塘月色》的感情基调，一般解读为“既有淡淡的忧愁，又有淡淡的喜悦”。

（5）小学六年级教材中的《林海》一文，感情基调应该是高昂热情的，才能表达出热爱大自然的情感。

（6）柳宗元的《小石潭记》的感情基调是哀伤凄凉的。

（7）毛泽东的《忆秦娥娄山关》，上阕的基调是阴沉抑郁的，而下阕的基调则是高亢激昂的，强烈的感情对比，恰恰反映了作者的乐观主义精神和指挥若定的气魄。

（8）苏轼的《水调歌头》，全词的基调是乐观的。

（9）曹操的《观沧海》的感情基调应该是苍凉慷慨、悲壮激昂的。

三、划分层次

划分层次是指找出文章的结构，常用的方法有如下几种。

1. 按时空顺序划分

例如，写英雄好汉鲁达不畏强暴、疾恶如仇、见义勇为的《鲁提辖拳打镇关西》，按时序可划分为“打之前”（探明情况）、“打之时”（击中要害，痛快淋漓）、“打之后”（智上梁山）3部分。

2. 按题目语法结构划分

例如，用“从……到……”这一介宾短语作标题的《从百草园到三味书屋》，按地点转移，文章可分为“百草园”和“三味书屋”两大部分。

3. 按题意划分

例如，《向沙漠进军》，按逻辑思维顺序可分为“为什么要向沙漠进军”（沙漠的危害性）、“怎样向沙漠进军”（防治办法）、“向沙漠进军怎么样”（已有成就和光辉前景）3大部分。

4. 按文章结构特点划分

文章是“总—分”结构的，可分为两段；是“总—分—总”结构的，可分为3段。例如，《苏州园林》：“总”——苏州园林是我国各地园林的标本，“分”——亭台轩榭、假山池沼、花草树木等的布局特点。

5. 按中心句划分

中心句若在段首，起提纲挈领的作用；若在段中，起承上启下的作用；若在段尾，起总结概括作用。凡是有中心句的地方，表明这是文章的一个段或一个层次。中心句与其他语句的关系是：其他句子有的是用来阐述、展开中心句的意思的，属解说关系；有的是用来说明、支撑中心句的，属支撑关系；有的是用来解释中心句意思所形成的原因的，属因果关系。

6. 按感情线索划分

例如《荔枝蜜》，其感情线索是：不大喜欢蜜蜂—想去看看蜜蜂—赞赏蜜蜂—想变蜜蜂，全文分4段。

7. 按不同文体特点划分

议论文通常分为三大段："提出问题—分析问题—解决问题"。一些故事、小说，通常按情节划分为"开端—发展—高潮—结局"4 部分。

四、设计技巧

设计技巧就是在深刻理解作品内容的基础上，设计如何通过语音的具体形象把原作的思想感情表达出来。对整个作品的朗读方案应有总体考虑。例如，作品中写景的地方怎么读？作品的高潮在什么地方？怎么安排快慢、高低、重音和停连等。技巧设计，除运用声音外，还要借助眼神、手势等体态语帮助表达作品感情，引起听众共鸣。朗读常常伴随有手势、姿态等体态语。但朗读时的姿态或手势不能过多、过火，毕竟朗读不同于演戏。演戏时，演员不直接和观众交流，他扮演剧中人物，模仿剧中人物的语言、动作，只和同台的演员进行交流。而朗读者直接交流的对象是听众，他主要是通过声音把感情传达给听众，引起听众共鸣，手势、姿态等只不过是帮助表达感情的辅助性工具，不宜过多、过火。

五、调动情感

朗读一篇文章，如果缺乏内在的情感，即使技巧再多，声音也会显得干巴巴的，无法打动人。朗读者在朗读时，要通过情景再现、内在语、对象感等方法充分酝酿自己的感情，使自己的感情随文字内容而运动变化，把握好态度和感情的分寸，形成感情丰富、变化自如、生动恰当的声音。

——摘自新浪博客

【学以致用】

阅读下列文章，分析文章的基调、脉络、重点、节律、文体，再进行朗读训练。

（一）

远远的地方吹过来一股凉风。

风里夹着呼呼的响声。

侧耳仔细听，那像是某一种音乐，我分析了很久，确定那是笛子的声音，因为箫的声音没有那么清晰，也没有那么高扬。

由于来得遥远，使我对自己的判断感到怀疑；有什么人的笛声可以穿透广大的平野，而且天上还有雨，它还能穿过雨声，在四野里扩散呢？笛的声音好像没有那么悠长，何况只有简单的几种节奏。

我站的地方是一片乡下的农田，左右两面是延展到远处的稻田，我的后面是一座山，前方是一片麻竹林。音乐显然是来自麻竹林，而后面的远方仿佛也在回响。

竹林里是不是有人家呢？小时候我觉得所有的林间，竹林是最神秘的，尤其是那些历史悠远的竹林。因为所有的树林再密，阳光总可以毫无困难地穿透，唯有竹林的密叶，有时连阳光也无能为力；再大的树林也有规则，人能在其间自由行走，唯有某些竹林是毫无规则的，有时走进其间就迷途了。因此自幼，父亲就告诉我们“逢竹林莫入”的道理，何况有的竹林中是有乱刺的，像刺竹林。

这样想着，使我本来要走进竹林的脚步又迟疑了，在稻田田埂坐下来，独自听那一段音乐。我看看天色尚早，离竹林大约有两里路，遂决定到竹林里去走一遭——我想，有音乐的地方一定是安全的。

等我站在竹林前面时，整个人被天风海雨似的音乐震慑了，它像一片乐海，波涛汹涌，声威远大，那不是人间的音乐，竹林中也没有人家。

竹子的本身就是乐器，风是指挥家，竹干和竹叶的关系便是演奏者。我研究了很久才发现，原来竹子洒过了小雨，上面有着水渍，互相摩擦便发生尖利如笛子的声音。而上面满天摇动的竹叶间隙，即使有雨，也阻不住风，发出许多细细的声音，配合着竹子的笛声。

每个人都会感动于自然的声音，譬如夏夜里的蛙虫鸣唱，春晨雀鸟的跃飞歌唱，甚至刮风天里滔天海浪的交响。凡是自然的声音没有不令我们赞叹的，每年到冬春之交，我在寂静的夜里听到远处的春雷乍响，心里总有一种喜悦的颤动。

我有一个朋友，偏爱蝉的歌唱。孟夏的时候，他常常在山中独坐一日，为的是要听蝉声，有一次他送我一卷录音带，是在花莲山中录的蝉声。送我的时候已经冬天了，我在寒夜里放着录音带，一时万蝉齐鸣，使冷漠的屋宇像是有无数的蝉在盘飞对唱，那种经验的美，有时不逊于在山中听蝉。

后来我也喜欢录下自然的声籁，像是溪水流动的声音，山风吹拂的声音，有一回我放着一卷写明《溪水》的录音带，在溪水琤琮之间，突然有两声山鸟长鸣的锐音，盈耳绕梁，久久不灭，就像人在平静的时刻想到往日的欢愉，突然失声发出欢欣的感叹。

但是我听过许多自然之声，总没有这一次在竹林里感受到那么深刻的声音。原来在自然里所有的声音都是独奏，再美的声音也仅弹动我们的心弦，可是竹林的交响整个包围了我，像是百人的交响乐团刚开始演奏的第一个紧密响动的音符，那时候我才真正知道，为什么中国许多乐器都是竹子制成的，因为没有一种自然的植物能发出像竹子那样清脆、悠远、绵长的声音。

可惜的是我并没有能录下竹子的声音，后来我去了几次，不是无雨，就是无风，或者有风有雨却不像原来配合得那么好。我了解到，原来要听上好的自然声音仍是要有福分的，它的变化无穷，是每一刻全不相同，如果没有风，竹子只是竹子，有了风，竹子才变成音乐，而有风有雨，正好能让竹子摩擦生籁，竹子才成为交响乐。

失去对自然声音感悟的人是最可悲的，当有人说“风景美得像一幅画”时，境界便低了，因为画是静的，自然的风景是活的、动的；而除了目视，自然还提供各种声音，这种双重的组合才使自然超拔出人所能创造的境界。世上有无数艺术家，全是从自然中吸取灵感，但再好的艺术家，总无法完全捕捉自然的魂魄，因为自然是有声音有画面，还是活的，时刻都在变化的，这些全是艺术达不到的境界。

最重要的是，再好的艺术一定有个结局。自然是没有结局的，明白了这一点，艺术家就难免兴起“念天地之悠悠，独怆然而涕下”的寂寞之感。人能绘下长江万里图令人动容，但永远不如长江的真情实景令人感动；人能录下蝉的鸣唱，但永远不能代替看美丽的蝉在树梢唱出动人的歌声。

那一天，我在竹林里听到竹子随风吹笛，竟忘记了时间的流逝，等我走出竹林，夕阳已徘徊在山谷。雨已经停了，我却好像经过一场心灵的沐浴，把尘俗都洗去了。

我感觉到，只要有自然，人就没有自暴自弃的理由。

选自林清玄散文集《鸳鸯炉》之《随风吹笛》

(二)

春江花月夜

春江潮水连海平，海上明月共潮生。
滟滟随波千万里，何处春江无月明！
江流宛转绕芳甸，月照花林皆似霰；
空里流霜不觉飞，汀上白沙看不见。
江天一色无纤尘，皎皎空中孤月轮。
江畔何人初见月？江月何年初照人？
人生代代无穷已，江月年年望相似。
不知江月待何人，但见长江送流水。
白云一片去悠悠，青枫浦上不胜愁。
谁家今夜扁舟子？何处相思明月楼？
可怜楼上月徘徊，应照离人妆镜台。
玉户帘中卷不去，捣衣砧上指还来。
此时相望不相闻，愿逐月华流照君。
鸿雁长飞光不度，鱼龙潜跃水成文。
昨夜闲潭梦落花，可怜春半不还家。
江水流春去欲尽，江潭落月复西斜。
斜月沉沉藏海雾，碣石潇湘无限路。
不知乘月几人归，落月摇情满江树。

选自《全唐诗》张若虚之《春江花月夜》

附 录

附录1 普通话水平测试大纲

本大纲是根据教育部、国家语言文字工作委员会发布的《普通话水平测试管理规定》、《普通话水平测试等级标准》制订的。

一、测试的名称、性质、方式

本测试定名为“普通话水平测试”（PUTONGHUA SHUIPING CESHI，缩写为PSC）。

普通话水平测试测查应试人的普通话规范程度、熟练程度，认定其普通话水平等级，属于标准参照性考试。本大纲规定测试的内容、范围、题型及评分系统。

普通话水平测试以口试方式进行。

二、测试内容和范围

普通话水平测试的内容包括普通话语音、词汇和语法。

普通话水平测试的范围是国家测试机构编制的《普通话水平测试用普通话词语表》《普通话水平测试用普通话与方言词语对照表》、《普通话水平测试用普通话与方言常见语法差异对照表》、《普通话水平测试用朗读作品》和《普通话水平测试用话题》。

三、试卷构成和评分

试卷包括5个组成部分，满分为100分。

（一）读单音节字词（100个音节，不含轻声、儿化音节），限时3.5分钟，共10分

1. 目的

测查应试人声母、韵母、声调读音的标准程度。

2. 要求

（1）100个音节中，70%选自《普通话水平测试用普通话词语表》“表一”，30%选自“表二”。

（2）100个音节中，每个声母出现次数一般不少于3次，每个韵母出现次数一般不少于2次，4个声调出现次数大致均衡。

（3）音节的排列要避免同一测试要素连续出现。

3. 评分

（1）语音错误，每个音节扣0.1分。

（2）语音缺陷，每个音节扣0.05分。

（3）超时1分钟以内，扣0.5分；超时1分钟以上（含1分钟），扣1分。

（二）读多音节词语（100个音节），限时2.5分钟，共20分

1. 目的

测查应试人声母、韵母、声调和变调、轻声、儿化读音的标准程度。

2. 要求

（1）词语的70%选自《普通话水平测试用普通话词语表》“表一”，30%选自“表二”。

（2）声母、韵母、声调出现的次数与读单音节字词的要求相同。

（3）上声与上声相连的词语不少于3个，上声与非上声相连的词语不少于4个，轻声不少于3个，儿化音不少于4个（应为不同的儿化韵母）。

（4）词语的排列要避免同一测试要素连续出现。

3. 评分

（1）语音错误，每个音节扣0.2分。

（2）语音缺陷，每个音节扣0.1分。

（3）超时1分钟以内，扣0.5分；超时1分钟以上（含1分钟），扣1分。

（三）选择判断*，限时3分钟，共10分

1. 词语判断（10组）

（1）目的：测查应试人掌握普通话词语的规范程度。

（2）要求：根据《普通话水平测试用普通话与方言词语对照表》，列举10组普通话与方言意义相对应但说法不同的词语，由应试人判断并读出普通话的词语。

（3）评分：判断错误，每组扣0.25分。

2. 量词、名词搭配（10组）

（1）目的：测查应试人掌握普通话量词和名词搭配的规范程度。

（2）要求：根据《普通话水平测试用普通话与方言常见语法差异对照表》，列举10个名词和若干量词，由应试人搭配并读出符合普通话规范的10组名量短语。

（3）评分：搭配错误，每组扣0.5分。

3. 语序或表达形式判断（5组）

（1）目的：测查应试人掌握普通话语法的规范程度。

（2）要求：根据《普通话水平测试用普通话与方言常见语法差异对照表》，列举5组普通话和方言意义相对应，但语序或表达习惯不同的短语或短句，由应试人判断并读出符合普通话语法规范的表达形式。

（3）评分：判断错误，每组扣0.5分。

选择判断合计超时1分钟以内，扣0.5分；超时1分钟以上（含1分钟），扣1分。答题时语音错误，每个错误音节扣0.1分，如判断错误已经扣分，不重复扣分。

（四）朗读短文（1篇，400个音节），限时4分钟，共30分

1. 目的

测查应试人使用普通话朗读书面作品的水平。在测查声母、韵母、声调读音标准程度的同时，重点测查连读音变、停连、语调以及流畅程度。

2. 要求

（1）短文从《普通话水平测试用朗读作品》中选取。

（2）评分以朗读作品的前400个音节（不含标点符号和括注的音节）为限。

3. 评分

（1）每错1个音节，扣0.1分；漏读或增读1个音节，扣0.1分。

（2）声母或韵母的系统性语音缺陷，视程度扣0.5分、1分。

（3）语调偏误，视程度扣0.5分、1分、2分。

（4）停连不当，视程度扣0.5分、1分、2分。

（5）朗读不流畅（包括回读），视程度扣0.5分、1分、2分。

（6）超时扣1分。

（五）命题说话，限时3分钟，共30分

1. 目的

测查应试人在无文字凭借的情况下说普通话的水平，重点测查语音标准程度、词汇语法规范程度和自然流畅程度。

2. 要求

（1）说话话题从《普通话水平测试用话题》中选取，由应试人从给定的两个话题中选定1个话题，连续说一段话。

（2）应试人单向说话。如发现应试人有明显背稿、离题、说话难以继续等表现时，主试人应及时提示或引导。

3. 评分

（1）语音标准程度，共20分，分以下六档。

一档：语音标准，或极少有失误，扣0分、0.5分、1分。

二档：语音错误在10次以下，有方言但不明显扣1.5分、2分。

三档：语音错误在10次以下但方言比较明显，或语音错误在10～15次之间，有方言但不明显，扣3分、4分。

四档：语音错误在10～15次之间，方言比较明显，扣5分、6分。

五档：语音错误超过15次，方言明显，扣7分、8分、9分。

六档：语音错误多，方言重，扣10分、11分、12分。

（2）词汇语法规范程度，共5分，分以下三档。

一档：词汇、语法规范，扣0分。

二档：词汇、语法偶有不规范的情况，扣0.5分、1分。

三档：词汇、语法屡有不规范的情况，扣2分、3分。

（3）自然流畅程度，共5分，分以下三档。

一档：语言自然流畅，扣0分。

二档：语言基本流畅，口语化较差，有背稿子的表现，扣0.5分、1分。

三档：语言不连贯，语调生硬，扣2分、3分。

说话不足3分钟，酌情扣分；缺时1分钟以内（含1分钟），扣1分、2分、3分；缺时1分钟以上，扣4分、5分、6分；说话不满30秒（含30秒），本测试项成绩计为0分。

四、应试人普通话水平等级的确定

国家语言文字工作部门发布的《普通话水平测试等级标准》是确定应试人普通话水平等级的依据。测试机构根据应试人的测试成绩确定其普通话水平等级，由省、自治区、直辖市以上语言文字工作部门颁发相应的普通话水平测试等级证书。

普通话水平划分为 3 个级别，每个级别内划分两个等次。其中：97 分及其以上，为一级甲等；92 分及其以上但不足 97 分，为一级乙等；87 分及其以上但不足 92 分，为二级甲等；80 分及其以上但不足 87 分，为二级乙等；70 分及其以上但不足 80 分，为三级甲等；60 分及其以上但不足 70 分，为三级乙等。

*说明：各省、自治区、直辖市语言文字工作部门可以根据测试对象或本地区的实际情况，决定是否免测“选择判断”测试项。如免测此项，“命题说话”测试项的分值由 30 分调整为 40 分。评分档次不变，具体分值调整如下。

(1) 语音标准程度的分值，由 20 分调整为 25 分。

一档：扣 0 分、1 分、2 分。

二档：扣 3 分、4 分。

三档：扣 5 分、6 分。

四档：扣 7 分、8 分。

五档：扣 9 分、10 分、11 分。

六档：扣 12 分、13 分、14 分。

(2) 词汇语法规范程度的分值，由 5 分调整为 10 分。

一档：扣 0 分。

二档：扣 1 分、2 分。

三档：扣 3 分、4 分。

(3) 自然流畅程度仍为 5 分，各档分值不变。

总　　论

一、导语

国家推广全国通用的普通话。普通话是以汉语文授课的各级各类学校的教学用语，是以汉语传送的各级广播电台、电视台和汉语电影、电视剧、话剧必须使用的规范用语，是我国党政机关、团体、企事业单位干部在工作中必须使用的公务用语，是不同方言区以及国内不同民族之间人们的交际用语。

2000 年 10 月 31 日，第九届全国人民代表大会常务委员会第十八次会议通过的《中华人民共和国国家通用语言文字法》第十九条规定：“凡以普通话作为工作语言的岗位，其工作人员应当具备说普通话的能力。

以普通话作为工作语言的播音员、节目主持人和影视话剧演员、教师、国家机关工作人员的普通话水平，应当分别达到国家规定的等级标准；对尚未达到国家规定的普通话等级标准的，分别情况进行培训。”

第二十四条规定：“国务院语言文字工作部门颁布普通话水平测试等级标准。”

掌握和使用一定水平的普通话，是进行现代化建设的各行各业人员，特别是播音员、节目主持人、教师、影视话剧演员以及国家机关工作人员必备的职业素质。因此，有必要对上述岗位的从业人员进行普通话水平测试，并逐步实行持等级证书上岗制度。

普通话是汉民族的共同语，是规范化的现代汉语，是全国通用的语言。共同的语言和规范化的语言是不可分割的，没有一定的规范就不可能做到真正的共同。普通话的规范指的是现代汉语在语音、词汇、语法各方面的标准。普通话水平测试是推广普通话工作的重要组成部分，是使推广普通话工作逐步走向制度化、科学化、规范化的重要举措。推广普通话促进语言规范化，是汉语发展的总趋势。普通话水平测试工作的健康开展必将对社会的语言生活产生深远的影响。

汉语方言复杂，语音乃至词汇、语法因时因地而异。毋庸讳言，有的地方话较为接近普通话，有的地方话则与普通话存在较大的差异。进行普通话水平测试必须坚持统一的标准，坚持测试工作的科学性和严肃性。鉴于普通话在一些方言区还不够普及，提高工作还需要逐步强化，从实际出发，在一段时间内，对不同方言区在要求上应该有所区别。

为了突出语音检测的要求，普通话水平测试一律采用口试方式。测试的内容包括有文字凭借的和没有文字凭借的两部分。有文字凭借的测试项应分别体现语音、词汇、语法和阅读理解与朗读程度的检测，各类题目要有明确的目的、要求；无文字凭借的说话部分，全面（语音、词汇、语法）检测和评估应试人使用普通话时所达到的规范程度。测试题目必须尽可能兼顾信度和效度的统一。按照《普通话水平测试大纲》的规定和《普通话水平测试实施纲要》的要求，建立普通话水平测试国家题库，在计算机生成试卷的基础上，进行必要的专业人员的干预，确实保证试卷的质量。

二、试卷构成、测试时间和评分

试卷包括 5 个组成部分，满分为 100 分。

（一）读单音节字词（100 个音节，不含轻声、儿化音节），限时 3.5 分钟，共 10 分

1. 目的

测查应试人声母、韵母、声调读音的标准程度。

2. 要求

（1）字词的 70% 选自《普通话水平测试用普通话词语表》“表一”（带 * 的字词占 40%，不带 * 的字词占 30%）；另外 30% 选自“表二”。

（2）100 个音节中，每个声母出现次数一般不少于 3 次，不超过 6 次；每个韵母出现次数一般不少于 2 次（个别韵母另有提示），不超过 4 次。4 个声调出现次数大致均衡。

根据《普通话水平测试实施纲要》词表累计出现的 3.1 万多个音节（以此项资料为主）和 60 篇朗读作品里声母、韵母出现的统计资料，声母、韵母的选定数应该有相对的幅度。

声母选定的幅度（按在词表中出现的比例和培训、测试的需要分档排序）：

6～5次— ø声母，d，l，j，q，x，zh，ch，sh

5～3次— b，m，f，t，g，h，z

3～2次— p，n，k，r，c，s

韵母选定的幅度：

4～3次— i，u，ian，ing，an，-i（后），ong，ao，ang，e，eng，uei，ai（以上共13个韵母）；

3～2次— en，iao，uan，in，ou，ɑ，ü，uo，-i（前），uen，iou，ie，iang，ei，uang，ia，üe（以上共17个韵母）；

2～1次— ua，o，üan，uai，iong，ün（以上共6个韵母）；

1～0次— er，ueng（以上共2个韵母）。

计算机拟卷程序应符合上述要求。在对计算机拟制的试卷进行必要的人工干预时，允许个别（一定是个别的）变动声母、韵母的出现次数。

（3）音节的排列要避免同一测试要素连续出现。

3. 评分

（1）语音错误，每个音节扣0.1分。

（2）语音缺陷，每个音节扣0.05分。

（3）超时1分钟以内，扣0.5分；超时1分钟以上（含1分钟），扣1分。

语音缺陷在此项里主要是指声母的发音部位不够准确，但还不是把普通话中的某一类声母读成另一类声母，例如舌面前音j，q，x，读得接近z，c，s；或者把普通话中的某一类声母的正确发音部位用较接近的部位代替，例如把舌面前音读得接近舌面音；或者读翘舌音声母时舌尖接触或接近上颚的位置过于靠后或靠前等。韵母读音的缺陷多表现为合口呼、撮口呼的韵母圆唇度明显不够，语感差；或者开口呼的韵母开口度明显不够；听感性质明显不符；或者复韵母舌位动程不够等；声调调形、调势基本正确，但调值明显偏低或偏高，特别是四声的相对高点或低点明显不一致。

（二）读多音节词语（100个音节；其中含双音节词语45～47个，三音节词语2个，四音节词语1～0个），限时2.5分钟，共20分

1. 目的

测查应试人声母、韵母、声调和变调、轻声、儿化读音的标准程度。

2. 要求

（1）词语的70%选自《普通话水平测试用普通话词语表》“表一”；30%选自“表二”。

（2）声母、韵母、声调出现的次数与单音节字词的要求相同。

（3）上声和上声连读的词语不少于3个，上声（在前）和其他声调（阴平、阳平、去声、轻声）连读的词语不少于4个，轻声词语不少于3个，儿化词语不少于4个（应为不同的儿化韵母）。

（4）词语的排列避免同一测试要素的集中出现。

3. 评分

（1）语音错误，每个音节扣0.2分。

（2）语音缺陷，每个音节扣0.1分。

（3）超时1分钟以内，扣0.5分；超时1分钟以上（含1分钟），扣1分。

语音缺陷除跟（一）项内相同的之外，还包括变调、轻声、儿化韵读音不完全符合要求的情况。

（一）和（二）两项都有同样语音缺陷的，两项分别都扣分。

（三）选择判断*，限时3分钟，共10分

1. 词语判断（10组）

（1）目的：测查应试人掌握普通话词语的规范程度。

（2）要求：根据《普通话水平测试用普通话与方言词语对照表》列举10组普通话与方言意义相对应但说法不同的词语，由应试人判断并读出普通话的词语。

（3）评分：判断错误，每组扣0.25分。

2. 量词、名词搭配（10组）

（1）目的：测查应试人掌握普通话量词和名词搭配的规范程度。

（2）要求：根据《普通话水平测试用常见量词、名词搭配表》列举10个名词和若干个量词，由应试人搭配并读出符合普通话规范的10组名量短语。

（3）评分：搭配错误，每组扣0.5分。

3. 语序或表达形式判断（5组）

（1）目的：测查应试人掌握普通话语法的规范程度。

（2）要求：根据《普通话水平测试用普通话与方言常见语法差异对照表》，列举5组普通话和方言意义相对应，但语序和表达习惯不同的短语或短句，由应试人判断并读出符合普通话语法规范的表达形式。

（3）评分：判断错误，每组扣0.5分。

选择判断合计超时1分钟以内，扣0.5分；超时1分钟以上（含1分钟），扣1分。

答题时语音错误，每个错误音节扣0.1分，如判断错误已经扣分，不重复扣分。

（四）朗读短文（1篇，400个音节），限时4分钟，共30分

1. 目的

测查应试人使用普通话朗读书面作品的水平。在测查声母、韵母、声调读音标准程度的同时，重点测查连读音变、停连、语调以及流畅程度。

2. 要求

（1）短文从《普通话水平测试用朗读作品》中选取。

（2）评分以朗读作品的前400个音节（不含标点符号和括注的音节）为限，但应试人应将第400个音节所在的句子读完整。

3. 评分

（1）每错1个音节，扣0.1分；漏读或增读1个音节，扣0.1分。

（2）声母或韵母系统性缺陷，视程度扣0.5分、1分。

（3）语调偏误，视程度扣0.5分、1分、2分。

（4）停连不当，视程度扣0.5分、1分、2分。

（5）朗读不流畅（包括回读），视程度扣0.5分、1分、2分。

(6) 超时扣1分。

应该把规定的60篇朗读作品作为训练的总体要求，做到选读任何一篇都能基本反映应试人的朗读水平。

(五) 命题说话，限时3分钟，共30分

1. 目的

测查应试人在无文字凭借的情况下说普通话的水平，重点测查语音标准程度，词汇、语法规范程度和自然流畅程度。

2. 要求

(1) 说话话题从《普通话水平测试用话题》中选取，由应试人从给定的两个话题中选定一个话题，连续说成一段话。

(2) 应试人单向说话。如发现应试人有背稿、离题或说话难以继续等表现时，主试人应及时提示或引导。

3. 评分

(1) 语音标准程度，共20分，分以下六档。

一档：语音标准，或极少有失误，扣0分、0.5分、1分。

二档：语音错误在10次以下，有方言但不明显，扣1.5分、2分。

三档：语音错误在10次以下，但方言比较明显；或语音错误在10~15次之间，有方言但不明显，扣3分、4分。

四档：语音错误在10~15次之间，方言比较明显，扣5分、6分。

五档：语音错误超过15次，方言明显，扣7分、8分、9分。

六档：语音错误多，方言重，扣10分、11分、12分。

(2) 词汇、语法规范程度，共5分，分以下三档。

一档：词汇、语法规范，扣0分。

二档：词汇、语法偶有不规范的情况，扣0.5分、1分。

三档：词汇、语法屡有不规范的情况，扣2分、3分。

(3) 自然流畅程度，共5分，分以下三档。

一档：语言自然流畅，扣0分。

二档：语言基本流畅，口语化较差，有类似背稿子的表现，扣0.5分、1分。

三档：语言不连贯，语调生硬，扣2分、3分。

说话不足3分钟，酌情扣分；缺时1分钟以内（含1分钟），扣1分、2分、3分；缺时1分钟以上，扣4分、5分、6分；说话不满30秒（含30秒），本测试项成绩计为0分。

三、样卷（人工拟卷）

(一) 读100个单音节字词

昼	*八	迷	*先	毡	*皮	幕	*美	彻	*飞
鸣	*破	捶	*风	豆	*蹲	霞	*掉	桃	*定
宫	*铁	翁	*念	劳	*天	旬	*沟	狼	*口
靴	*娘	嫩	*机	蕊	*家	跪	*绝	趣	*全

瓜	*穷	屡	*知	狂	*正	裘	*中	恒	*社
槐	*事	轰	*竹	掠	*茶	肩	*常	概	*虫
皇	*水	君	*人	伙	*自	滑	*早	绢	*足
炒	*次	渴	*酸	勤	*鱼	筛	*院	腔	*爱
鳖	袖	滨	竖	搏	刷	瞟	帆	彩	愤
司	滕	寸	峦	岸	勒	歪	尔	熊	妥

（标*的是“表一”里频度在1~4 000之间的字词，正式试卷不必标出。）

覆盖声母情况：

b：4，p：4，m：4，f：4，d：5，t：4，n：3，l：6，g：5，k：3，h：6，j：6，q：6，x：6，zh：6，ch：6，sh：6，r：2，z：3，c：3，s：2，零声母：7。

总计：100次。未出现声母：0。

覆盖韵母情况：

a：2，e：4，-i（前）：3，-i（后）：2，ai：4，ei：2，ao：4，ou：4，an：3，en：3，ang：5，eng：4，i：3，ia：2，ie：2，iao：2，iou：2，ian：4，in：2，iang：2，ing：2，u：4，ua：3，uo/o：4，uai：2，uei：4，uan：2，uen：2，uang：2，ong：2，ü：3，üe：3，üan：2，ün：2，iong：2，er：1。

总计：100次。未出现韵母：0。

覆盖声调情况：

阴平：28；阳平：31；上声：14；去声：27。

总计：100。

（二）读多音节词语（100个音节；其中含双音节词语45个，三音节词语2个，4音节词语1个）

*取得	阳台	*儿童	夹缝儿	混淆	衰落	*分析	防御
沙丘	*管理	*此外	便宜	光环	*塑料	扭转	加油
*队伍	挖潜	女士	*科学	*手指	策略	抢劫	*森林
侨眷	模特儿	港口	没准儿	*干净	日用	*紧张	炽热
*群众	名牌儿	沉醉	*快乐	窗户	*财富	*应当	生字
奔跑	*晚上	卑劣	包装	洒脱	*现代化	*委员会	轻描淡写

覆盖声母情况：

b：3，p：3，m：4，f：4，d：5，t：4，n：2，l：7，g：4，k：3，h：5，j：6，q：7，x：5，zh：6，ch：3，sh：6，r：2，z：2，c：3，s：3，零声母：13。

总计：100次。未出现声母：0。

覆盖韵母情况：

a：2，e：6，-i（前）：2，-i（后）：4，ai：4，ei：2，ao：2，ou：2，an：2，en：4，ang：5，eng：2，i：3，ia：2，ie：3，iao：4，iou：3，ian：3，in：2，iang：2，ing：4，u：4，ua：2，uo/o：3，uai：3，uei：4，uan：4，uen：2，uang：3，ong：2，ü：3，üe：2，üan：2，ün：1，iong：1，er：1。

总计：100 次。未出现韵母：ueng。

其中儿化韵母 4 个：-engr（夹缝儿），-uenr（没准儿），-er（模特儿），-air（名牌儿）。

覆盖声调情况：

阴平：23；阳平：24；上声：19；去声：30；轻声：4。

其中上声和上声相连的词语 4 条：管理、扭转、手指、港口。

总计：100 次。

（三）选择判断*（为便于了解题意，样题显示答案）

1. 词语判断：请判断并读出下列 10 组词语中的普通话词语（斜体字为答案）

（1）如崭　*现在*　而家　今下　目下

（2）瞒人　边个　*谁*　啥侬　啥人

（3）为么子　做脉个　*为什么*　为什里　为啥　为怎样

（4）*细小*　细粒　幼细　异细

（5）后生子　后生崽里　后生家　后生仔　*小伙子*

（6）日里向　日里　*白天*　日上　日头　日时　日晨头

（7）*婴儿*　毛它　冒牙子　苏虾仔　婴仔　啊伢欸

（8）蚂蚁子　蚂绳里　狗蚁　蚁公　*蚂蚁*

（9）*这里*　个搭　咯里　个里　呢处　即搭

（10）早上向　*早晨*　早间里　朝早　朝辰头

2. 量词、名词搭配：请按照普通话规范搭配并读出下列数量名短语

（例如：一　→个 只 粒

↓

人　）

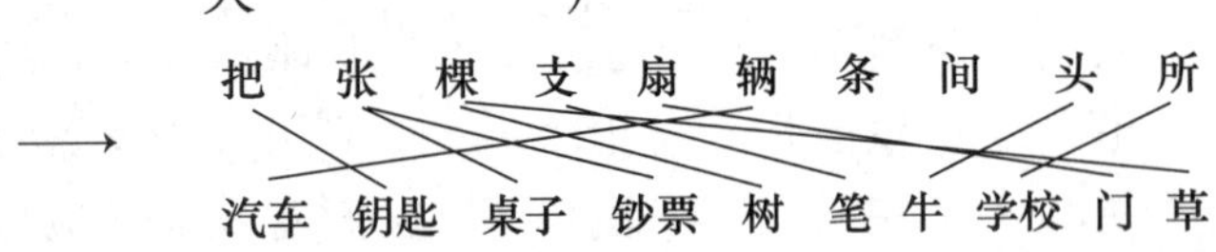

3. 语序或表达形式判断：请判断并读出下列 5 组句子中的普通话句子

（1）他大约要两三个月才能回来。

他大约要二三个月才能回来。

（2）他好好可爱。

他非常可爱。

他很可爱。

（3）你去去逛街？

你去不去逛街？

（4）你矮我。

你比我过矮。

你比我矮。

你比较矮我。

你比我较矮。

（5）那部电影我看过。

那部电影我有看。

（四）朗读短文：请朗读 12 号短文

（五）命题说话：请按照话题“我的业余生活”或“我熟悉的地方”说一段话（3 分钟）

*说明：各省（自治区、直辖市）语言文字工作部门可以根据测试对象或本地区的实际情况，决定是否免测“选择判断”测试项。如免测此项，“命题说话”测试项的分值由 30 分调整为 40 分。评分档次不变，具体分值调整如下。

（1）语音标准程度的分值，由 20 分调整为 25 分。

一档：扣 0 分、1 分、2 分。

二档：扣 3 分、4 分。

三档：扣 5 分、6 分。

四档：扣 7 分、8 分。

五档：扣 9 分、10 分、11 分。

六档：扣 12 分、13 分、14 分。

（2）词汇、语法规范程度的分值，由 5 分调整为 10 分。

一档：扣 0 分。

二档：扣 1 分、2 分。

三档：扣 3 分、4 分。

（3）自然流畅程度，各档分值不变。

附录2　普通话水平测试等级标准（试行）

一级

甲等　朗读和自由交谈时，语音标准，词汇、语法正确无误，语调自然，表达流畅。测试总失分率在3%以内。

乙等　朗读和自由交谈时，语音标准，词汇、语法正确无误，语调自然，表达流畅。偶然有字音、字调失误。测试总失分率在8%以内。

二级

甲等　朗读和自由交谈时，声韵调发音基本标准，语调自然，表达流畅。少数难点音（平翘舌音、前后鼻尾音、边鼻音等）有时出现失误。词汇、语法极少有误。测试总失分率在13%以内。

乙等　朗读和自由交谈时，个别调值不准，声韵母发音有不到位现象。难点音（平翘舌音、前后鼻尾音、边鼻音、fu－hu、z－zh－j、送气不送气、i－ü不分、保留浊塞音和浊塞擦音、丢介音、复韵母单音化等）失误较多。方言语调不明显。有使用方言词、方言语法的情况。测试总失分率在20%以内。

三级

甲等　朗读和自由交谈时，声韵调发音失误较多，难点音超出常见范围，声调调值多不准。方言语调较明显。词汇、语法有失误。测试总失分率在30%以内。

乙等　朗读和自由交谈时，声韵调发音失误多，方音特征突出。方言语调明显。词汇、语法失误较多。外地人听其谈话有听不懂的情况。测试总失分率在40%以内。

附录3　普通话异读词审音表

中国文字改革委员会普通话审音委员会，于1957年、1959—1962年先后发表了《普通话异读词审音表初稿》正编、续编和三编，1963年公布《普通话异读词三次审音总表初稿》。经过二十多年的实际应用，普通话审音委员会在总结经验的基础上，于1982—1985年组织专家学者进行审核修订，制定了《普通话异读词审音表》，这个审音表经过国家语言文字工作委员会、国家教育委员会、广播电视部（现为广播电影电视部）审查通过，于1985年12月联合发布。

说明：

一、本表所审，主要是普通话有异读的词和有异读的作为语素的字。不列出多音多义字的全部读音和全部义项，与字典、词典形式不同。例如："和"字有多种义项和读音，而本表仅列出原有异读的八条词语，分列于hè和huo两种读音之下（有多种读音，较常见的在前。下同）；其余无异读的音、义均不涉及。

二、在字后注明"统读"的，表示此字不论用于任何词语中只读一音（轻声变读不受此限），本表不再举出词例。例如："阀"字注明"fá（统读）"，原表"军阀""学阀""财阀"条和原表所无的"阀门"等词均不再举。

三、在字后不注"统读"的，表示此字有几种读音，本表只审订其中有异读的词语的读音。例如："艾"字本有ài和yì两音，本表只举"自怨自艾"一词，注明此处读yì音；至于ài音及其义项，并无异读，不再赘列。

四、有些字有文白二读，本表以"文"和"语"作注。前者一般用于书面语言，用于复音词和文言成语中；后者多用于口语中的单音词及少数日常生活事物的复音词中。这种情况在必要时各举词语为例。例如："杉"字下注"① shan（文）：紫～、红～、水～；② shā（语）：～篙、～木"。

五、有些字除附举词例之外，酌加简单说明，以便读者分辨。说明或按具体字义，或按"动作义""名物义"等区分，例如："畜"字下注"① chù（名物义）：～力、家～、牲～、幼～；② xù（动作义）：～产、～牧、～养"。

六、有些字的几种读音中某音用处较窄，另音用处甚宽，则注"除××（较少的词）念乙音外，其他都念甲音"，以避免列举词条繁而未尽、挂一漏万的缺点。例如："结"字下注"除'～了个果子'、'开花～果'、'～巴'、'～实'念jiē之外，其他都念jié"。

七、由于轻声问题比较复杂，除《初稿》涉及的部分轻声词之外，本表一般不予审订，并删去部分原审的轻声词，例如"麻刀（dao）"、"容易（yi）"等。

八、本表酌增少量有异读的字或词，作了审订。

九、除因第二、六、七各条说明中所举原因而删略的词条之外，本表又删汰了部分词条。主要原因是：

(1) 现已无异读（如“队伍”“理会”）；
(2) 罕用词语（如“俵分”“仔密”）；
(3) 方言土音（如“归里包堆〔zuī〕”“告送〔song〕”）；
(4) 不常用的文言词语（如“刍荛”“氍毹”）；
(5) 音变现象（如“胡里八涂〔tū〕”“毛毛腾腾〔tēngtēng〕”）；
(6) 重复累赘（如原表“色”字的有关词语分列达23条之多）。删汰条目不再编入。

十、人名、地名的异读审订，除原表已涉及的少量词条外，留待以后再审。

A

阿 ① ā ~訇 ~罗汉 ~木林 ~姨
　② ē ~谀 ~附 ~胶 ~弥陀佛
挨 ① āi ~个 ~近
　② ái ~打 ~说
癌 ái（统读）
霭 ǎi（统读）
蔼 ǎi（统读）
隘 ài（统读）
谙 ān（统读）
埯 ǎn（统读）
昂 áng（统读）
凹 āo（统读）
拗 ① ào ~口
　② niù 执~ 脾气很~
坳 ào（统读）

B

拔 bá（统读）
把 bà 印~子
白 bái（统读）
膀 bǎng 翅~
蚌 ① bàng 蛤~
　② bèng ~埠
傍 bàng（统读）
磅 bàng 过~
龅 bāo（统读）
胞 bāo（统读）
薄 ① báo（语）常单用，如“纸很~”。
　② bó（文）多用于复音词。~弱 稀~ 淡~ 尖嘴~舌 单~ 厚~
堡 ① bǎo 碉~ ~垒
　② bǔ ~子 吴~ 瓦窑~ 柴沟~
　③ pù 十里~
暴 ① bào ~露
　② pù 一~（曝）十寒
爆 bào（统读）
焙 bèi（统读）
惫 bèi（统读）
背 bèi ~脊 ~静
鄙 bǐ（统读）
俾 bǐ（统读）
笔 bǐ（统读）
比 bǐ（统读）
臂 ① bì 手~ ~膀
　② bei 胳~
庇 bì（统读）
髀 bì（统读）
避 bì（统读）
辟 bì 复~
裨 bì ~补 ~益
婢 bì（统读）
痹 bì（统读）
壁 bì（统读）
蝙 biān（统读）
遍 biàn（统读）
骠 ① biāo 黄~马

② piào ～骑 ～勇
傧 bīn（统读）
缤 bīn（统读）
濒 bīn（统读）
髌 bìn（统读）
屏 ① bǐng ～除 ～弃 ～气 ～息
② píng ～藩 ～风
柄 bǐng（统读）
波 bō（统读）
播 bō（统读）
菠 bō（统读）
剥 ① bō（文） ～削
② bāo（语）
泊 ① bó 淡～ 飘～ 停～
② pō 湖～ 血～
帛 bó（统读）
勃 bó（统读）
钹 bó（统读）
伯 ① bó ～～（bo） 老～
② bǎi 大～子（丈夫的哥哥）
箔 bó（统读）
簸 ① bǒ 颠～
② bò ～箕
膊 bo 胳～
卜 bo 萝～
醭 bú（统读）
哺 bǔ（统读）
捕 bǔ（统读）
鹧 bǔ（统读）
埠 bù（统读）

C

残 cán（统读）
惭 cán（统读）
灿 càn（统读）
藏 ① cáng 矿～
② zàng 宝～
糙 cāo（统读）
嘈 cáo（统读）
螬 cáo（统读）
厕 cè（统读）
岑 cén（统读）
差 ① chā（文）不～累黍 不～什么 偏～ 色～ ～别 视～ 误～ 电势～ 一念之～ ～池 ～错 言～语错 一～二错 阴错阳～ ～等 ～额 ～价 ～强人意 ～数 ～异
② chà（语）～不多 ～不离 ～点儿
③ cī 参～
猹 chá（统读）
搽 chá（统读）
阐 chǎn（统读）
羼 chàn（统读）
颤 ① chàn ～动 发～
② zhàn ～栗（战栗） 打～（打战）
韂 chàn（统读）
伥 chāng（统读）
场 ① chǎng ～合 ～所 冷～ 捧～
② cháng 外～ 圩～ ～院 一～雨
③ chang 排～
钞 chāo（统读）
巢 cháo（统读）
嘲 cháo ～讽 ～骂 ～笑
耖 chào（统读）
车 ① chē 安步当～ 杯水～薪 闭门造～ 螳臂当～
② jū（象棋棋子名称）
晨 chén（统读）
称 chèn ～心 ～意 ～职 对～ 相～
撑 chēng（统读）
乘 （动作义，念 chéng）包～制 ～便 ～风破浪 ～客 ～势 ～兴
橙 chéng（统读）
惩 chéng（统读）

澄　① chéng（文）～清　（如“～清混乱”“～清问题”）
　　② dèng（语）　单用，如“把水～清了”
痴　chī（统读）
吃　chī（统读）
弛　chí（统读）
褫　chǐ（统读）
尺　chǐ ～寸　～头
豉　chǐ（统读）
侈　chǐ（统读）
炽　chì（统读）
舂　chōng（统读）
冲　chòng ～床　～模
臭　① chòu 遗～万年
　　② xiù 乳～　铜～
储　chǔ（统读）
处　chǔ（动作义）　～罚　～分　～决　～理　～女　～置
畜　① chù（名物义）　～力　家～　牲～　幼～
　　② xù（动作义）　～产　～牧　～养
触　chù（统读）
搐　chù（统读）
绌　chù（统读）
黜　chù（统读）
闯　chuǎng（统读）
创　① chuàng 草～　～举　首～　～造　～作
　　② chuāng ～伤　重～
绰　① chuò ～～有余
　　② chuo 宽～
疵　cī（统读）
雌　cí（统读）
赐　cì（统读）
伺　cì ～候
枞　① cōng ～树
　　② zōng ～阳〔地名〕
从　cóng（统读）
丛　cóng（统读）
攒　cuán 万头～动　万箭～心
脆　cuì（统读）
撮　① cuō ～儿　一～儿盐　一～儿匪帮
　　② zuǒ 一～儿毛
措　cuò（统读）

D

搭　dā（统读）
答　① dá 报～　～复
　　② dā ～理　～应
打　dá 苏～　一～（十二个）
大　① dà ～夫（古官名）　～王（如爆破～王、钢铁～王）
　　② dài ～夫（医生）　～黄　～王（如山～王）　～城〔地名〕
呆　dāi（统读）
傣　dǎi（统读）
逮　① dài（文）如“～捕”。
　　② dǎi（语）单用，如“～蚊子”、“～特务”。
当　① dāng ～地　～间儿　～年（指过去）　～日（指过去）　～天（指过去）　～时（指过去）　螳臂～车
　　② dàng 一个～俩　安步～车　适～　～年（同一年）　～日（同一时候）　～天（同一天）
档　dàng（统读）
蹈　dǎo（统读）
导　dǎo（统读）
倒　① dǎo 颠～　颠～是非　颠～黑白　颠三～四　倾箱～箧　排山～海　～板　～嚼　～仓　～嗓　～戈　潦～
　　② dào ～粪（把粪弄碎）
悼　dào（统读）

纛 dào（统读）
凳 dèng（统读）
羝 dī（统读）
氐 Dī〔古民族名〕
堤 dī（统读）
提 dī ~防
的 dí ~当 ~确
抵 dǐ（统读）
蒂 dì（统读）
缔 dì（统读）
谛 dì（统读）
点 dian 打~（收拾、贿赂）
跌 diē（统读）
蝶 dié（统读）
订 dìng（统读）
都 ① dōu ~来了
② dū ~市 首~ 大~（大多）
堆 duī（统读）
吨 dūn（统读）
盾 dùn（统读）
多 duō（统读）
咄 duō（统读）
掇 ① duō（"拾取、采取"义）
② duo 撺~ 掂~
裰 duō（统读）
踱 duó（统读）
度 duó 忖~ ~德量力

E

婀 ē（统读）

F

伐 fá（统读）
阀 fá（统读）
砝 fǎ（统读）
法 fǎ（统读）
发 fà 理~ 脱~ 结~

帆 fān（统读）
藩 fān（统读）
梵 fàn（统读）
坊 ① fāng 牌~ ~巷
② fáng 粉~ 磨~ 碾~ 染~
油~ 谷~
妨 fáng（统读）
防 fáng（统读）
肪 fáng（统读）
沸 fèi（统读）
汾 fén（统读）
讽 fěng（统读）
肤 fū（统读）
敷 fū（统读）
俘 fú（统读）
浮 fú（统读）
服 fú ~毒 ~药
拂 fú（统读）
辐 fú（统读）
幅 fú（统读）
甫 fǔ（统读）
复 fù（统读）
缚 fù（统读）

G

噶 gá（统读）
冈 gāng（统读）
刚 gāng（统读）
岗 gǎng ~楼 ~哨 ~子 门~ 站~
山~子
港 gǎng（统读）
葛 ① gé ~藤 ~布 瓜~
② Gě〔姓〕（包括单、复姓）
隔 gé（统读）
革 gé ~命 ~新 改~
合 gě（一升的十分之一）
给 ① gěi（语）单用

②jǐ(文)补～　供～　供～制　～予配～　自～自足
亘　gèn(统读)
更　gēng 五～　～生
颈　gěng 脖～儿
供　①gōng ～给　提～　～销
②gòng 口～　翻～　上～
佝　gōu(统读)
枸　gǒu ～杞
勾　gòu ～当
估　(除"～衣"读gù外，都读gū)
骨　(除"～碌""～朵"读gū外，都读gǔ)
谷　gǔ ～雨
锢　gù(统读)
冠　①guān(名物义)～心病
②guàn(动作义)　沐猴而～　～军
犷　guǎng(统读)
庋　guǐ(统读)
桧　①guì(树名)
②huì(人名)"秦～"
刽　guì(统读)
聒　guō(统读)
蝈　guō(统读)
过　(除姓氏读Guō外，都读guò)

H

虾　há ～蟆
哈　①hǎ ～达
②hà ～什蚂
汗　hán 可～
巷　hàng ～道
号　háo 寒～虫
和　①hè 唱～　附～　曲高～寡
②huo 搀～　搅～　暖～　热～　软～
貉　①hé(文)　一丘之～
②háo(语)～绒　～子
壑　hè(统读)
褐　hè(统读)
喝　hè ～采　～道　～令　～止　呼幺～六
鹤　hè(统读)
黑　hēi(统读)
亨　hēng(统读)
横　①héng ～肉　～行霸道
②hèng 蛮～　～财
訇　hōng(统读)
虹　①hóng(文)～彩　～吸管
②jiàng(语)　单说
讧　hòng(统读)
囫　hú(统读)
瑚　hú(统读)
蝴　hú(统读)
桦　huà(统读)
徊　huái(统读)
踝　huái(统读)
浣　huàn(统读)
黄　huáng(统读)
荒　huang 饥～(指经济困难)
诲　huì(统读)
贿　huì(统读)
会　huì 一～儿　多～儿　～厌(生理名词)
混　hùn ～合　～乱　～凝土　～淆　～血儿　～杂
蠖　huò(统读)
霍　huò(统读)
豁　huò ～亮
获　huò(统读)

J

羁　jī(统读)
击　jī(统读)
奇　jī ～数
芨　jī(统读)
缉　①jī 通～　侦～
②qī ～鞋口
几　jī 茶～　条～

圾　jī（统读）
戢　jí（统读）
疾　jí（统读）
汲　jí（统续）
棘　jí（统读）
藉　jí 狼～（籍）
嫉　jí（统读）
脊　jǐ（统读）
纪　① Jǐ〔姓〕
　② jì ～念　～律　纲～　～元
偈　jì ～语
绩　jì（统读）
迹　jì（统读）
寂　jì（统读）
箕　ji 簸～
辑　ji 逻～
茄　jiā 雪～
夹　jiā　～带藏掖　～道儿　～攻　～棍　～生　～杂　～竹桃　～注
浃　jiā（统读）
甲　jiǎ（统读）
歼　jiān（统读）
鞯　jiān（统读）
间　① jiān ～不容发　中～
　② jiàn 中～儿　～道　～课　～断　～或　～接　～距　～隙　～续　～阻　～作　挑拨离～
趼　jiǎn（统读）
俭　jiǎn（统读）
缰　jiāng（统读）
膙　jiǎng（统读）
嚼　① jiáo（语）味同～蜡　咬文～字
　② jué（文）咀～　过屠门而大～
　③ jiào 倒～（倒嚼）
侥　jiǎo ～幸
角　① jiǎo 八～（大茴香）　～落　独～戏　～膜　～度　～儿（犄～）　～楼　勾心斗～　号～　口～（嘴～）　鹿～菜　头～
　② jué ～斗　～儿（脚色）　口～（吵嘴）　主～儿　配～儿　～力　捧～儿
脚　① jiǎo 根～
　② jué ～儿（也作“角儿”，脚色）
剿　① jiǎo 围～
　② chāo ～说　～袭
校　jiào ～勘　～样　～正
较　jiào（统读）
酵　jiào（统读）
嗟　jiē（统读）
疖　jiē（统读）
结　（除“～了个果子”“开花～果”“～巴”“～实”念 jiē 之外，其他都念 jié）
睫　jié（统读）
芥　① jiè ～菜（一般的芥菜）　～末
　② gài ～菜（也作“盖菜”）　～蓝菜
矜　jīn ～持　自～　～怜
仅　jǐn ～～　绝无～有
馑　jǐn（统读）
觐　jìn（统读）
浸　jìn（统读）
斤　jin 千～（起重的工具）
茎　jīng（统读）
粳　jīng（统读）
鲸　jīng（统读）
境　jìng（统读）
痉　jìng（统读）
劲　jìng 刚～
窘　jiǒng（统读）
究　jiū（统读）
纠　jiū（统读）
鞠　jū（统读）
鞫　jū（统读）
掬　jū（统读）
苴　jū（统读）
咀　jǔ ～嚼

矩　①jǔ ~形
　　②ju 规~
俱　jù（统读）
龟　jūn ~裂（也作"皲裂"）
菌　①jūn 细~　病~　杆~　霉~
　　②jùn 香~　~子
俊　jùn（统读）

K

卡　①kǎ ~宾枪　~车　~介苗
　　~片　~通
　　②qiǎ ~子　关~
揩　kāi（统读）
慨　kǎi（统读）
忾　kài（统读）
勘　kān（统读）
看　kān ~管　~护　~守
慷　kāng（统读）
拷　kǎo（统读）
坷　kē ~拉（垃）
疴　kē（统读）
壳　①ké（语）　~儿　贝~儿　脑~
　　驳~枪
　　②qiào（文）地~　甲~　躯~
可　①kě ~~儿的
　　②kè ~汗
恪　kè（统读）
刻　kè（统读）
克　kè ~扣
空　①kōng ~心砖　~城计
　　②kòng ~心吃药
眍　kōu（统读）
矻　kū（统读）
酷　kù（统读）
框　kuàng（统读）
矿　kuàng（统读）
傀　kuǐ（统读）
溃　①kuì ~烂
　　②huì ~脓
篑　kuì（统读）
括　kuò（统读）

L

垃　lā（统读）
邋　lā（统读）
罱　lǎn（统读）
缆　lǎn（统读）
蓝　lan 苤~
琅　láng（统读）
捞　lāo（统读）
劳　láo（统读）
醪　láo（统读）
烙　①lào ~印　~铁　~饼
　　②luò 炮~（古酷刑）
勒　①lè（文）　~逼　~令　~派
　　~索　悬崖~马
　　②lēi（语）　多单用
擂　（除"~台"、"打~"读 lèi 外，都读
　　léi）
礌　léi（统读）
羸　léi（统读）
蕾　lěi（统读）
累　①lèi（辛劳义，如"受~"〔受劳~〕）
　　②léi（如"~赘"）
　　③lěi（牵连义，如"带~"　"~及"
　　"连~"　"赔~"　"牵~"　"受~"
　　〔受牵~〕）
蠡　①lí 管窥~测
　　②lǐ ~县　范~
喱　lí（统读）
连　lián（统读）
敛　liǎn（统读）
恋　liàn（统读）
量　①liàng ~入为出　忖~
　　②liang 打~　掂~
踉　liàng ~跄

潦 liáo ～草 ～倒
劣 liè（统读）
捩 liè（统读）
趔 liè（统读）
拎 līn（统读）
遴 lín（统读）
淋 ① lín ～浴 ～漓 ～巴
② lìn ～硝 ～盐 ～病
蛉 líng（统读）
榴 liú（统读）
馏 ① liú（文）如“干～”“蒸～”
② liù（语）如“～馒头”
镏 liú ～金
碌 liù ～碡
笼 ① lóng（名物义） ～子 牢～
② lǒng（动作义） ～络 ～括 ～统 ～罩
偻 ① lóu 佝～
② lǚ 伛～
瞜 lou 眍～
虏 lǔ（统读）
掳 lǔ（统读）
露 ① lù（文）赤身～体 ～天 ～骨 ～头角 藏头～尾 抛头～面 ～头（矿）
② lòu（语）～富 ～苗 ～光 ～相 ～马脚 ～头
榈 lǘ（统读）
捋 ① lǚ ～胡子
② luō ～袖子
绿 ① lǜ（语）
② lù（文）～林 鸭～江
孪 luán（统读）
挛 luán（统读）
掠 lüè（统读）
囵 lún（统读）
络 luò ～腮胡子
落 ① luò（文）～膘 ～花生 ～魄 涨～ ～槽 着～
② lào（语）～架 ～色 ～炕 ～枕 ～儿 ～子（一种曲艺）
③ là（语）遗落义。丢三～四 ～在后面

M

脉 （除“～～”念 mòmò 外，一律念 mài）
漫 màn（统读）
蔓 ① màn（文）～延 不～不支
② wàn（语）瓜～ 压～
牤 māng（统读）
氓 máng 流～
芒 máng（统读）
铆 mǎo（统读）
瑁 mào（统读）
虻 méng（统读）
盟 méng（统读）
祢 mí（统读）
眯 ① mí ～了眼（灰尘等入目，也作“迷”）
② mī ～了一会儿（小睡） ～缝着眼（微微合目）
靡 ① mí ～费
② mǐ 风～ 委～ 披～
秘 （除“～鲁”读 bì 外，都读 mì）
泌 ① mì（语） 分～
② bì（文） ～阳〔地名〕
娩 miǎn（统读）
缈 miǎo（统读）
皿 mǐn（统读）
闽 mǐn（统读）
茗 míng（统读）
酩 mǐng（统读）
谬 miù（统读）
摸 mō（统读）
模 ① mó ～范 ～式 ～型 ～糊

~特儿　~棱两可
②mú ~子　~具　~样
膜　mó（统读）
摩　mó 按~　抚~
嬷　mó（统读）
墨　mò（统读）
耱　mò（统读）
沫　mò（统读）
缪　móu 绸~

N

难　①nán 困~（或变轻声）　~兄~弟（难得的兄弟，现多用作贬义）
②nàn 排~解纷　发~　刁~　责~　~兄~弟（共患难或同受苦难的人）
蝻　nǎn（统读）
蛲　náo（统读）
讷　nè（统读）
馁　něi（统读）
嫩　nèn（统读）
恁　nèn（统读）
妮　nī（统读）
拈　niān（统读）
鲇　nián（统读）
酿　niàng（统读）
尿　①niào 糖~症
②suī（只用于口语名词）~脬
嗫　niè（统读）
宁　①níng 安~
②nìng ~可　无~
忸　niǔ（统读）
脓　nóng（统读）
弄　①nòng 玩~
②lòng ~堂
暖　nuǎn（统读）
衄　nǜ（统读）
疟　①nüè（文）　~疾
②yào（语）　发~子
娜　①nuó 婀~　袅~
②nà（人名）

O

殴　ōu（统读）
呕　ǒu（统读）

P

杷　pá（统读）
琶　pá（统读）
牌　pái（统读）
排　pǎi ~子车
迫　pǎi ~击炮
湃　pài（统读）
爿　pán（统读）
胖　pán 心广体~（安泰舒适）
蹒　pán（统读）
畔　pàn（统读）
乓　pāng（统读）
滂　pāng（统读）
脬　pāo（统读）
胚　pēi（统读）
喷　①pēn ~嚏
②pèn ~香
③pen 嚏~
澎　péng（统读）
坯　pī（统读）
披　pī（统读）
匹　pǐ（统读）
僻　pì（统读）
譬　pì（统读）
片　①piàn ~子　唱~　画~　相~　影~　~儿会
②piān（口语一部分词）~子　~儿　唱~儿　画~儿　相~儿　影~儿
剽　piāo（统读）
缥　piāo ~缈（飘渺）
撇　piē ~弃

聘 pìn（统读）
乒 pīng（统读）
颇 pō（统读）
剖 pōu（统读）
仆 ① pū 前～后继
② pú ～从
扑 pū（统读）
朴 ① pǔ 俭～ ～素 ～质
② pō ～刀
③ pò ～硝 厚～
蹼 pǔ（统读）
瀑 pù ～布
曝 ① pù 一～十寒
② bào ～光（摄影术语）

Q

栖 qī 两～
戚 qī（统读）
漆 qī（统读）
期 qī（统读）
蹊 qī ～跷
蛴 qí（统读）
畦 qí（统读）
萁 qí（统读）
骑 qí（统读）
企 qǐ（统读）
绮 qǐ（统读）
杞 qǐ（统读）
槭 qì（统读）
洽 qià（统读）
签 qiān（统读）
潜 qián（统读）
荨 ① qián（文）～麻
② xún（语）～麻疹
嵌 qiàn（统读）
欠 qian 打哈～
戕 qiāng（统读）
镪 qiāng ～水
强 ① qiáng ～渡 ～取豪夺 ～制 博闻～识
② qiǎng 勉～ 牵～ ～词夺理 ～迫 ～颜为笑
③ jiàng 倔～
襁 qiǎng（统读）
跄 qiàng（统读）
悄 ① qiāo ～～儿的
② qiǎo ～默声儿的
橇 qiāo（统读）
翘 ① qiào（语）～尾巴
② qiáo（文）～首 ～楚 连～
怯 qiè（统读）
挈 qiè（统读）
趄 qie 趔～
侵 qīn（统读）
衾 qīn（统读）
噙 qín（统读）
倾 qīng（统读）
亲 qìng ～家
穹 qióng（统读）
黢 qū（统读）
曲（麯）qū 大～ 红～ 神～
渠 qú（统读）
瞿 qú（统读）
蠼 qú（统读）
苣 qǔ ～荬菜
龋 qǔ（统读）
趣 qù（统读）
雀 què ～斑 ～盲症

R

髯 rán（统读）
攘 rǎng（统读）
桡 ráo（统读）
绕 rào（统读）
任 Rén〔姓，地名〕
妊 rèn（统读）

扔 rēng（统读）
容 róng（统读）
糅 róu（统读）
茹 rú（统读）
孺 rú（统读）
蠕 rú（统读）
辱 rǔ（统读）
挼 ruó（统读）

S

靸 sǎ（统读）
噻 sāi（统读）
散 ① sǎn 懒～ 零零～～ ～漫
② san 零～
丧 sang 哭～着脸
扫 ① sǎo ～兴
② sào ～帚
埽 sào（统读）
色 ① sè（文）
② shǎi（语）
塞 ① sè（文）动作义。
② sāi（语）名物义，如"活～""瓶～"；动作义，如"把洞～住"
森 sēn（统读）
煞 ① shā ～尾 收～
② shà ～白
啥 shá（统读）
厦 ① shà（语）
② xià（文）～门 噶～
杉 ① shān（文）紫～ 红～ 水～
② shā（语）～篙 ～木
衫 shān（统读）
姗 shān（统读）
苫 ① shàn（动作义，如"～布"）
② shān（名物义，如"草～子"）
墒 shāng（统读）
猞 shē（统读）
舍 shè 宿～
慑 shè（统读）
摄 shè（统读）
射 shè（统读）
谁 shéi，又音 shuí
娠 shēn（统读）
什 （甚）shén ～么
蜃 shèn（统读）
葚 ① shèn（文） 桑～
② rèn（语） 桑～儿
胜 shèng（统读）
识 shí 常～ ～货 ～字
似 shì ～的
室 shì（统读）
螫 ① shì（文）
② zhē（语）
匙 shi 钥～
殊 shū（统读）
蔬 shū（统读）
疏 shū（统读）
叔 shū（统读）
淑 shū（统读）
菽 shū（统读）
熟 ① shú（文）
② shóu（语）
署 shǔ（统读）
曙 shǔ（统读）
漱 shù（统读）
戍 shù（统读）
蟀 shuài（统读）
孀 shuāng（统读）
说 shuì 游～
数 shuò ～见不鲜
硕 shuò（统读）
蒴 shuò（统读）
艘 sōu（统读）
嗾 sǒu（统读）
速 sù（统读）
塑 sù（统读）

虽　suī（统读）
绥　suí（统读）
髓　suǐ（统读）
遂　① suì 不～　毛～自荐
　　② suí 半身不～
隧　suì（统读）
隼　sǔn（统读）
莎　suō ～草
缩　① suō 收～
　　② sù ～砂密（一种植物）
嗍　suō（统读）
索　suǒ（统读）

T

趿　tā（统读）
鳎　tǎ（统读）
獭　tǎ（统读）
沓　① tà 重～
　　② ta 疲～
　　③ dá 一～纸
苔　① tái（文）
　　② tāi（语）
探　tàn（统读）
涛　tāo（统读）
悌　tì（统读）
佻　tiāo（统读）
调　tiáo ～皮
帖　① tiē 妥～　伏伏～～　俯首～耳
　　② tiě 请～　字～儿
　　③ tiè 字～　碑～
听　tīng（统读）
庭　tíng（统读）
骰　tóu（统读）
凸　tū（统读）
突　tū（统读）
颓　tuí（统读）
蜕　tuì（统读）
臀　tún（统读）
唾　tuò（统读）

W

娲　wā（统读）
挖　wā（统读）
瓦　wà ～刀
㖞　wāi（统读）
蜿　wān（统读）
玩　wán（统读）
惋　wǎn（统读）
脘　wǎn（统读）
往　wǎng（统读）
忘　wàng（统读）
微　wēi（统读）
巍　wēi（统读）
薇　wēi（统读）
危　wēi（统读）
韦　wéi（统读）
违　wéi（统读）
唯　wéi（统读）
圩　① wéi ～子
　　② xū ～（墟）场
纬　wěi（统读）
委　wěi ～靡
伪　wěi（统读）
萎　wěi（统读）
尾　① wěi　～巴
　　② yǐ 马～儿
尉　wèi ～官
文　wén（统读）
闻　wén（统读）
紊　wěn（统读）
喔　wō（统读）
蜗　wō（统读）
硪　wò（统读）
诬　wū（统读）
梧　wú（统读）

牾　wǔ（统读）
乌　wù ~拉（也作“靰鞡”）　~拉草
杌　wù（统读）
鹜　wù（统读）

X

夕　xī（统读）
汐　xī（统读）
晰　xī（统读）
析　xī（统读）
皙　xī（统读）
昔　xī（统读）
溪　xī（统读）
悉　xī（统读）
熄　xī（统读）
蜥　xī（统读）
螅　xī（统读）
惜　xī（统读）
锡　xī（统读）
樨　xī（统读）
袭　xí（统读）
檄　xí（统读）
峡　xiá（统读）
暇　xiá（统读）
吓　xià 杀鸡~猴
鲜　xiān 屡见不~　数见不~
锨　xiān（统读）
纤　xiān ~维
涎　xián（统读）
弦　xián（统读）
陷　xiàn（统读）
霰　xiàn（统读）
向　xiàng（统读）
相　xiàng ~机行事
淆　xiáo（统读）
哮　xiào（统读）
些　xiē（统读）
颉　xié ~颃
携　xié（统读）
偕　xié（统读）
挟　xié（统读）
械　xiè（统读）
馨　xīn（统读）
囟　xìn（统读）
行　xíng 操~　德~　发~　品~
省　xǐng 内~　反~　~亲　不~人事
芎　xiōng（统读）
朽　xiǔ（统读）
宿　xiù 星~　二十八~
煦　xù（统读）
蓿　xu 苜~
癣　xuǎn（统读）
削　①xuē（文）　剥~　~减　瘦~
　　②xiāo（语）切~　~铅笔　~球
穴　xué（统读）
学　xué（统读）
雪　xuě（统读）
血　①xuè（文）用于复音词及成语，如“贫~”“心~”“呕心沥~”“~泪史”“狗~喷头”等。
　　②xiě（语）口语多单用，如“流了点儿~”及几个口语常用词，如“鸡~”“~晕”“~块子”等。
谑　xuè（统读）
寻　xún（统读）
驯　xùn（统读）
逊　xùn（统读）
熏　xùn 煤气~着了
徇　xùn（统读）
殉　xùn（统读）
蕈　xùn（统读）

Y

押　yā（统读）
崖　yá（统读）

哑　yǎ ～然失笑
亚　yà（统读）
殷　yān ～红
芫　yán ～荽
筵　yán（统读）
沿　yán（统读）
焰　yàn（统读）
夭　yāo（统读）
肴　yáo（统读）
杳　yǎo（统读）
舀　yǎo（统读）
钥　① yào（语）～匙
　　② yuè（文）锁～
曜　yào（统读）
耀　yào（统读）
椰　yē（统读）
噎　yē（统读）
叶　yè ～公好龙
曳　yè 弃甲～兵　摇～　～光弹
屹　yì（统读）
轶　yì（统读）
谊　yì（统读）
懿　yì（统读）
诣　yì（统读）
艾　yì 自怨自～
荫　yìn（统读）（“树～”“林～道”应作“树阴”“林阴道”）
应　① yīng　～届　～名儿　～许
　　提出的条件他都～了　是我～下来的任务
　　② yìng ～承　～付　～声　～时　～验　～邀　～用　～运　～征　里～外合
萦　yíng（统读）
映　yìng（统读）
佣　yōng ～工
庸　yōng（统读）
臃　yōng（统读）
壅　yōng（统读）
拥　yōng（统读）
踊　yǒng（统读）
咏　yǒng（统读）
泳　yǒng（统读）
莠　yǒu（统读）
愚　yú（统读）
娱　yú（统读）
愉　yú（统读）
伛　yǔ（统读）
屿　yǔ（统读）
吁　yù 呼～
跃　yuè（统读）
晕　① yūn ～倒　头～
　　② yùn 月～　血～　～车
酝　yùn（统读）

Z

匝　zā（统读）
杂　zá（统读）
载　① zǎi 登～　记～
　　② zài 搭～　怨声～道　重～　装～　～歌～舞
簪　zān（统读）
咱　zán（统读）
暂　zàn（统读）
凿　záo（统读）
择　① zé 选～
　　② zhái ～不开　～菜　～席
贼　zéi（统读）
憎　zēng（统读）
甑　zèng（统读）
喳　zhā 唧唧～～
轧　（除“～钢”“～辊”念 zhá 外，其他都念 yà）（gá 为方言，不审）
摘　zhāi（统读）
粘　zhān ～贴
涨　zhǎng ～落　高～
着　① zháo ～慌　～急　～家　～凉

~忙　~迷　~水　~雨
② zhuó ~落　~手　~眼　~意
~重　不~边际
③ zhāo 失~
沼　zhǎo（统读）
召　zhào（统读）
遮　zhē（统读）
蛰　zhé（统读）
辙　zhé（统读）
贞　zhēn（统读）
侦　zhēn（统读）
帧　zhēn（统读）
胗　zhēn（统读）
枕　zhěn（统读）
诊　zhěn（统读）
振　zhèn（统读）
知　zhī（统读）
织　zhī（统读）
脂　zhī（统读）
植　zhí（统读）
殖　① zhí 繁~　生~　~民
② shi 骨~
指　zhǐ（统读）
掷　zhì（统读）
质　zhì（统读）
蛭　zhì（统读）
秩　zhì（统读）
栉　zhì（统读）
炙　zhì（统读）
中　zhōng 人~（人口上唇当中处）
种　zhòng 点~（义同“点播”。动宾结构念 diǎnzhǒng，义为点播种子）
诌　zhōu（统读）
骤　zhòu（统读）
轴　zhòu 大~子戏　压~子
碡　zhou 碌~
烛　zhú（统读）
逐　zhú（统读）
属　zhǔ ~望
筑　zhù（统读）
著　zhù 土~
转　zhuǎn 运~
撞　zhuàng（统读）
幢　① zhuàng 一~楼房
② chuáng 经~（佛教所设刻有经咒的石柱）
拙　zhuō（统读）
茁　zhuó（统读）
灼　zhuó（统读）
卓　zhuó（统读）
综　zōng ~合
纵　zòng（统读）
粽　zòng（统读）
镞　zú（统读）
组　zǔ（统读）
钻　① zuān ~探　~孔
② zuàn ~床　~杆　~具
佐　zuǒ（统读）
唑　zuò（统读）
柞　① zuò ~蚕　~绸
② zhà ~水（在陕西）
做　zuò（统读）
作　（除“~坊”读 zuō 外，其余都读 zuò）

附录 4　普通话水平测试用话题

说明：

（1）30 则话题供普通话水平测试第五项——命题说话测试使用。

（2）30 则话题仅是对话题范围的规定，并不规定话题的具体内容。

1. 我的愿望（或理想）
2. 我的学习生活
3. 我尊敬的人
4. 我喜爱的动物（或植物）
5. 童年的记忆
6. 我喜爱的职业
7. 难忘的旅行
8. 我的朋友
9. 我喜爱的文学（或其他）艺术形式
10. 谈谈卫生与健康
11. 我的业余生活
12. 我喜欢的季节（或天气）
13. 学习普通话的体会
14. 谈谈服饰
15. 我的假日生活
16. 我的成长之路
17. 谈谈科技发展与社会生活
18. 我知道的风俗
19. 我和体育
20. 我的家乡（或熟悉的地方）
21. 谈谈美食
22. 我喜欢的节日
23. 我所在的集体（学校、机关、公司等）
24. 谈谈社会公德（或职业道德）
25. 谈谈个人修养
26. 我喜欢的明星（或其他知名人士）
27. 我喜爱的书刊
28. 谈谈对环境保护的认识
29. 我向往的地方
30. 购物（消费）的感受

附录5　普通话水平测试用朗读作品

说明：

1. 60篇朗读作品供普通话水平测试第四项——朗读短文测试使用。为适应测试需要，必需时对原作品做了部分更动。

2. 朗读作品的顺序，按篇名的汉语拼音字母顺序排列。

3. 每篇作品在第400个音节后用“//”标注。

4. 为适应朗读的需要，作品中的生僻字、多音字都在相应位置加注了拼音；作品中应该用数字的地方均用汉字体现。

作品1号

那是力争上游的一种树，笔直的干，笔直的枝。它的干呢，通常是丈把高，像是加以人工似的，一丈以内，绝无旁枝；它所有的丫枝呢，一律向上，而且紧紧靠拢，也像是加以人工似的，成为一束，绝无横斜逸出；它的宽大的叶子也是片片向上，几乎没有斜生的，更不用说倒垂了；它的皮，光滑而有银色的晕圈，微微泛出淡青色。这是虽在北方的风雪的压迫下却保持着倔强（juéjiàng）挺立的一种树！哪怕只有碗来粗细罢，它却努力向上发展，高到丈许，两丈，参天耸立，不折不挠，对抗着西北风。

这就是白杨树，西北极普通的一种树，然而决不是平凡的树！

它没有婆娑（pósuō）的姿态，没有屈曲盘旋的虬（qiú）枝，也许你要说它不美丽，——如果美是专指“婆娑”或“横斜逸出”之类而言，那么，白杨树算不得树中的好女子；但是它却是伟岸，正直，朴质，严肃，也不缺乏温和，更不用提它的坚强不屈与挺拔，它是树中的伟丈夫！当你在积雪初融的高原上走过，看见平坦的大地上傲然挺立这么一株或一排白杨树，难道你就只觉得树只是树，难道你就不想到它的朴质，严肃，坚强不屈，至少也象征了北方的农民；难道你竟一点儿也不联想到，在敌后的广大//土地上，到处有坚强不屈，就像这白杨树一样傲然挺立的守卫他们家乡的哨兵！难道你又不更远一点想到这样枝枝叶叶靠紧团结，力求上进的白杨树，宛然象征了今天在华北平原纵横决荡用血写出新中国历史的那种精神和意志。

（节选自茅盾《白杨礼赞》）

作品2号

两个同龄的年轻人同时受雇于一家店铺，并且拿同样的薪水。

可是一段时间后，叫阿诺德的那个小伙子青云直上，而那个叫布鲁诺的小伙子却仍在原地踏步。布鲁诺很不满意老板的不公正待遇。终于有一天他到老板那儿发牢骚了。老板一边耐心地听着他的抱怨，一边在心里盘算着怎样向他解释清楚他和阿诺德之间的差别。

“布鲁诺先生，”老板开口说话了，“您现在到集市上去一下，看看今天早上有什么卖的。”

布鲁诺从集市上回来向老板汇报说，今早集市上只有一个农民拉了一车土豆在卖。

“有多少？”老板问。

布鲁诺赶快戴上帽子又跑到集上，然后回来告诉老板一共四十袋土豆。

“价格是多少？”

布鲁诺又第三次跑到集上问来了价格。

“好吧，”老板对他说，“现在请您坐在这把椅子上一句话也不要说，看看阿诺德怎么说。”

阿诺德很快就从集市上回来了。向老板汇报说到现在为止只有一个农民在卖土豆，一共四十口袋，价格是多少多少；土豆质量很不错，他带回来一个让老板看看。这个农民一个钟头以后还会弄来几箱西红柿，据他看价格非常公道。昨天他们铺子的西红柿卖得很快，库存已经不//多了。他想这么便宜的西红柿，老板肯定会要进一些的，所以他不仅带回了一个西红柿做样品，而且把那个农民也带来了，他现在正在外面等回话呢。

此时老板转向了布鲁诺，说“现在您肯定知道为什么阿诺德的薪水比您高了吧！”

（节选自张健鹏、胡足青主编的《故事时代》中的《差别》）

作品3号

我常常遗憾我家门前的那块丑石：它黑黝（yǒu）黝地卧在那里，牛似的模样；谁也不知道是什么时候留在这里的，谁也不去理会它。只是麦收时节，门前摊了麦子，奶奶总是说：这块丑石，多占地面呀，抽空把它搬走吧。

它不像汉白玉那样的细腻，可以刻字雕花，也不像大青石那样的光滑，可以供来浣（huàn）纱捶（chuí）布。它静静地卧在那里，院边的槐阴没有庇覆它，花儿也不再在它身边生长。荒草便繁衍出来，枝蔓上下，慢慢地，它竟锈上了绿苔、黑斑。我们这些做孩子的，也讨厌起它来，曾合伙要搬走它，但力气又不足；虽时时咒骂它，嫌弃它，也无可奈何，只好任它留在那里了。

终有一日，村子里来了一个天文学家。他在我家门前路过，突然发现了这块石头，眼光立即就拉直了。他再没有离开，就住了下来；以后又来了好些人，都说这是一块陨（yǔn）石，从天上落下来已经有二三百年了，是一件了不起的东西。不久便来了车，小心翼翼地将它运走了。

这使我们都很惊奇，这又怪又丑的石头，原来是天上的啊！它补过天，在天上发过热、闪过光，我们的先祖或许仰望过它，它给了他们光明、向往、憧憬；而它落下来了，在污土里，荒草里，一躺就//是几百年了！

我感到自己的无知，也感到了丑石的伟大，我甚至怨恨它这么多年竟会默默地忍受着这一切！而我又立即深深地感到它那种不屈于误解、寂寞的生存的伟大。

（节选自贾平凹《丑石》）

作品 4 号

在达瑞八岁的时候，有一天他想去看电影。因为没有钱，他想是向爸妈要钱，还是自己挣钱。最后他选择了后者。他自己调制了一种汽水，向过路的行人出售。可那时正是寒冷的冬天，没有人买，只有两个人例外——他的爸爸和妈妈。

他偶然有一个和非常成功的商人谈话的机会。当他对商人讲述了自己的“破产史”后，商人给了他两个重要的建议：一是尝试为别人解决一个难题；二是把精力集中在你知道的、你会的和你拥有的东西上。

这两个建议很关键。因为对于一个八岁的孩子而言，他不会做的事情很多。于是他穿过大街小巷，不停地思考：人们会有什么难题，他又如何利用这个机会？

一天，吃早饭时父亲让达瑞去取报纸。美国的送报员总是把报纸从花园篱笆的一个特制的管子里塞进来。假如你想穿着睡衣舒舒服服地吃早饭和看报纸，就必须离开温暖的房间，冒着寒风，到花园去取。虽然路短，但十分麻烦。

当达瑞为父亲取报纸的时候，一个主意诞生了。当天他就按响邻居的门铃，对他们说，每个月只需付给他一美元，他就每天早上把报纸塞到他们的房门底下。大多数人都同意了，很快他有∥了七十多个顾客。一个月后，当他拿到自己赚的钱时，觉得自己简直是飞上了天。

很快他又有了新的机会，他让他的顾客每天把垃圾袋放在门前，然后由他早上运到垃圾桶里，每个月加一美元。之后他还想出了许多孩子赚钱的办法，并把它集结成书，书名为《儿童挣钱的二百五十个主意》。为此，达瑞十二岁时就成了畅销书作家，十五岁有了自己的谈话节目，十七岁就拥有了几百万美元。

（节选自［德］博多·舍费尔《达瑞的故事》，刘志明译）

作品 5 号

这是入冬以来，胶东半岛上第一场雪。

雪纷纷扬扬，下得很大。开始还伴着一阵儿小雨，不久就只见大片大片的雪花，从彤云密布的天空中飘落下来。地面上一会儿就白了。冬天的山村，到了夜里就万籁（lài）俱寂，只听得雪花簌簌地不断往下落，树木的枯枝被雪压断了，偶尔咯吱一声响。

大雪整整下了一夜。今天早晨，天放晴了，太阳出来了。推开门一看，嗬！好大的雪啊！山川、河流、树木、房屋，全都罩上了一层厚厚的雪，万里江山，变成了粉妆玉砌的世界。落光了叶子的柳树上挂满了毛茸茸亮晶晶的银条儿；而那些冬夏常青的松树和柏树上，则挂满了蓬松松沉甸甸的雪球儿。一阵风吹来，树枝轻轻地摇晃，美丽的银条儿和雪球儿簌簌地落下来，玉屑似的雪末儿随风飘扬，映着清晨的阳光，显出一道道五光十色的彩虹。

大街上的积雪足有一尺多深，人踩上去，脚底下发出咯吱咯吱的响声。一群群孩子在雪地里堆雪人，掷雪球儿。那欢乐的叫喊声，把树枝上的雪都震落下来了。

俗话说：瑞雪兆丰年。这个话有充分的科学根据，并不是一句迷信的成语。寒冬大雪，可以冻死一部分越冬的害虫；融化了的水渗进土层深处，又能供应//庄稼生长的需要。我相信这一场十分及时的大雪，一定会促进明年春季作物，尤其是小麦的丰收。有经验的老农把雪比做是“麦子的棉被”。冬天“棉被”盖得越厚，明春麦子就长得越好，所以又有这样一句谚语：冬天麦盖三层被，来年枕着馒头睡。

我想，这就是人们为什么把及时的大雪称为“瑞雪”的道理吧。

（节选自峻青《第一场雪》）

作品 6 号

我常想读书人是世间幸福人，因为他除了拥有现实的世界之外，还拥有另一个更为浩瀚也更为丰富的世界。现实的世界是人人都有的，而后一个世界却为读书人所独有。由此我想，那些失去或不能阅读的人是多么的不幸，他们的丧失是不可补偿的。世间有诸多的不平等，财富的不平等，权力的不平等，而阅读能力的拥有或丧失却体现为精神的不平等。

一个人的一生，只能经历自己拥有的那一份欣悦，那一份苦难，也许再加上他亲自闻知的那一些关于自身以外的经历和经验。然而，人们通过阅读，却能进入不同时空的诸多他人的世界。这样，具有阅读能力的人，无形间获得了超越有限生命的无限可能性。阅读不仅使他多识了草木虫鱼之名，而且可以上溯远古下及未来，饱览存在的与非存在的奇风异俗。

更为重要的是，读书加惠于人们的不仅是知识的增广，而且还在于精神的感化与陶冶。人们从读书学做人，从那些往哲先贤以及当代才俊的著述中学得他们的人格。人们从《论语》中学得智慧的思考，从《史记》中学得严肃的历史精神，从《正气歌》中学得人格的刚烈，从马克思学得人世//的激情，从鲁迅学得批判精神，从托尔斯泰学得道德的执著。歌德的诗句刻写着睿智的人生，拜伦的诗句呼唤着奋斗的热情。一个读书人，一个有机会拥有超乎个人生命体验的幸运人。

（节选自谢冕《读书人是幸福人》）

作品 7 号

一天，爸爸下班回到家已经很晚了，他很累也有点儿烦，他发现五岁的儿子靠在门旁正等着他。

“爸，我可以问您一个问题吗？”

“什么问题？”“爸，您一小时可以赚多少钱？”“这与你无关，你为什么问这个问题？”

父亲生气地说。

“我只是想知道，请告诉我，您一小时赚多少钱?”小孩儿哀求道。“假如你一定要知道的话，我一小时赚二十美金。”

“哦，”小孩儿低下了头，接着又说，“爸，可以借我十美金吗?”父亲发怒了：“如果你只是要借钱去买毫无意义的玩具的话，给我回到你的房间睡觉去。好好想想为什么你会那么自私。我每天辛苦工作，没时间和你玩儿小孩子的游戏。”

小孩儿默默地回到自己的房间关上门。

父亲坐下来还在生气。后来，他平静下来了。心想他可能对孩子太凶了——或许孩子真的很想买什么东西，再说他平时很少要过钱。

父亲走进孩子的房间：“你睡了吗?”“爸，还没有，我还醒着。”孩子回答。

“我刚才可能对你太凶了，”父亲说，“我不应该发那么大的火儿——这是你要的十美金。”“爸，谢谢您。”孩子高兴地从枕头下拿出一些被弄皱的钞票，慢慢地数着。

“为什么你已经有钱了还要?”父亲不解地问。

“因为原来不够，但现在凑够了。”孩子回答：“爸，我现在有//二十美金了，我可以向您买一个小时的时间吗?明天请早一点儿回家——我想和您一起吃晚餐。”

(节选自唐继柳编译《二十美金的价值》)

作品8号

我爱月夜，但我也爱星天。从前在家乡七八月的夜晚在庭院里纳凉的时候，我最爱看天上密密麻麻的繁星。望着星天，我就会忘记一切，仿佛回到了母亲的怀里似的。

三年前在南京我住的地方有一道后门，每晚我打开后门，便看见一个静寂的夜。下面是一片菜园，上面是星群密布的蓝天。星光在我们的肉眼里虽然微小，然而它使我们觉得光明无处不在。那时候我正在读一些天文学的书，也认得一些星星，好像它们就是我的朋友，它们常常在和我谈话一样。

如今在海上，每晚和繁星相对，我把它们认得很熟了。我躺在舱面上，仰望天空。深蓝色的天空里悬着无数半明半昧的星。船在动，星也在动，它们是这样低，真是摇摇欲坠呢!渐渐地我的眼睛模糊了，我好像看见无数萤火虫在我的周围飞舞。海上的夜是柔和的，是静寂的，是梦幻的。我望着许多认识的星，我仿佛看见它们在对我眨眼，我仿佛听见它们在小声说话。这时我忘记了一切。在星的怀抱中我微笑着，我沉睡着。我觉得自己是一个小孩子，现在睡在母亲的怀里了。

有一夜，那个在哥伦波上船的英国人指给我看天上的巨人。他用手指着：//那四颗明亮的星是头，下面的几颗是身子，这几颗是手，那几颗是腿和脚，还有三颗星算是腰带。经他这一番指点，我果然看清楚了那个天上的巨人。看，那个巨人还在跑呢!

(节选自巴金《繁星》)

作品 9 号

假日到河滩上转转，看见许多孩子在放风筝。一根根长长的引线，一头系在天上，一头系在地上，孩子同风筝都在天与地之间悠荡，连心也被悠荡得恍恍惚惚了，好像又回到了童年。

儿时放的风筝，大多是自己的长辈或家人编扎的，几根削得很薄（báo）的篾（miè），用细纱线扎（zā）成各种鸟兽的造型，糊上雪白的纸片，再用彩笔勾勒出面孔与翅膀的图案。通常扎得最多的是“老雕”“美人儿”“花蝴蝶”等。

我们家前院就有位叔叔，擅扎风筝，远近闻名。他扎的风筝不只体型好看，色彩艳丽，放飞得高远，还在风筝上绷一叶用蒲苇削成的膜片，经风一吹，发出“嗡嗡”的声响，仿佛是风筝的歌唱，在蓝天下播扬，给开阔的天地增添了无尽的韵味，给驰荡的童心带来几分疯狂。

我们那条胡同的左邻右舍的孩子们放的风筝几乎都是叔叔编扎的。他的风筝不卖钱，谁上门去要，就给谁，他乐意自己贴钱买材料。

后来，这位叔叔去了海外，放风筝也渐与孩子们远离了。不过年年叔叔给家乡写信，总不忘提起儿时的放风筝。香港回归之后，他在家信中说到，他这只被故乡放飞到海外的风筝，尽管飘荡游弋，经沐风雨，可那线头儿一直在故乡和//亲人手中牵着，如今飘得太累了，也该要回归到家乡和亲人身边来了。

是的。我想，不光是叔叔，我们每个人都是风筝，在妈妈手中牵着，从小放到大，再从家乡放到祖国最需要的地方去啊！

（节选自李恒瑞《风筝畅想曲》）

作品 10 号

爸不懂得怎样表达爱，使我们一家人融洽相处的是我妈。他只是每天上班下班，而妈则把我们做过的错事开列清单，然后由他来责骂我们。

有一次我偷了一块糖果，他要我把它送回去，告诉卖糖的说是我偷来的，说我愿意替他拆箱卸货作为赔偿。但妈妈却明白我只是个孩子。

我在运动场打秋千跌断了腿，在前往医院途中一直抱着我的，是我妈。爸把汽车停在急诊室门口，他们叫他驶开，说那空位是留给紧急车辆停放的。爸听了便叫嚷道：“你以为这是什么车？旅游车？”

在我生日会上，爸总是显得有些不大相称。他只是忙于吹气球，布置餐桌，做杂务。把插着蜡烛的蛋糕推过来让我吹的，是我妈。

我翻阅照相册时，人们总是问：“你爸爸是什么样子的？”天晓得！他老是忙着替别人拍照。妈和我笑容可掬地一起拍的照片，多得不可胜数。

我记得妈有一次叫他教我骑自行车。我叫他别放手，但他却说是应该放手的时候了。我摔倒之后，妈跑过来扶我，爸却挥手要她走开。我当时生气极了，决心要给他点儿颜色看。于是我马上爬上自行车，而且自己骑给他看。他只是微笑。

我念大学时，所有的家信都是妈写的。他//除了寄支票外，还寄过一封短柬给我，说因为我不在草坪上踢足球了，所以他的草坪长得很美。

每次我打电话回家，他似乎都想跟我说话，但结果总是说：“我叫你妈来接。”

我结婚时，掉眼泪的是我妈。他只是大声擤（xǐng）了一下鼻子，便走出房间。

我从小到大都听他说：“你到哪里去？什么时候回家？汽车有没有汽油？不，不准去。”爸完全不知道怎样表达爱。除非……

会不会是他已经表达了，而我却未能察觉？

（节选自［美］艾尔玛·邦贝克《父亲的爱》）

作品 11 号

一个大问题一直盘踞在我脑袋里：

世界杯怎么会有如此巨大的吸引力？除去足球本身的魅力之外，还有什么超乎其上而更伟大的东西？

近来观看世界杯，忽然从中得到了答案：是由于一种无上崇高的精神情感——国家荣誉感！

地球上的人都会有国家的概念，但未必时时都有国家的感情。往往人到异国，思念家乡，心怀故国，这国家概念就变得有血有肉，爱国之情来得非常具体。而现代社会，科技昌达，信息快捷，事事上网，世界真是太小太小，国家的界限似乎也不那么清晰了。再说足球正在快速世界化，平日里各国球员频繁转会，往来随意，致使越来越多的国家联赛都具有国际的因素。球员们不论国籍，只效力于自己的俱乐部，他们比赛时的激情中完全没有爱国主义的因子。

然而，到了世界杯大赛，天下大变。各国球员都回国效力，穿上与光荣的国旗同样色彩的服装。在每一场比赛前，还高唱国歌以宣誓对自己祖国的挚爱与忠诚。一种血缘情感开始在全身的血管里燃烧起来，而且立刻热血沸腾。

在历史时代，国家间经常发生对抗，好男儿戎装卫国。国家的荣誉往往需要以自己的生命去换//取。但在和平时代，唯有这种国家之间大规模对抗性的大赛，才可以唤起那种遥远而神圣的情感，那就是：为祖国而战！

（节选自冯骥才《国家荣誉感》）

作品 12 号

夕阳落山不久，西方的天空，还燃烧着一片橘红色的晚霞。大海，也被这霞光染成了红色，而且比天空的景色更要壮观。因为它是活动的，每当一排排波浪涌起的时候，那映照在浪峰上的霞光，又红又亮，简直就像一片片霍霍燃烧着的火焰，闪烁着，消失了。而后面的一排，又闪烁着，滚动着，涌了过来。

天空的霞光渐渐地淡下去了，深红的颜色变成了绯红，绯红又变为浅红。最后，当这一切红光都消失了的时候，那突然显得高而远了的天空，则呈现出一片肃穆的神色。最早出现的启明星，在这蓝色的天幕上闪烁起来了。它是那么大，那么亮，整个广漠的天幕上只有它在那里放射着令人注目的光辉，活像一盏悬挂在高空的明灯。

夜色加浓，苍空中的“明灯”越来越多了。而城市各处的真的灯火也次第亮了起来，尤其是围绕在海港周围山坡上的那一片灯光，从半空倒映在乌蓝的海面上，随着波浪，晃动着，闪烁着，像一串流动着的珍珠，和那一片片密布在苍穹里的星斗互相辉映，煞是好看。

在这幽美的夜色中，我踏着软绵绵的沙滩，沿着海边，慢慢地向前走去。海水，轻轻地抚摸着细软的沙滩，发出温柔的//刷刷声。晚来的海风，清新而又凉爽。我的心里，有着说不出的兴奋和愉快。

夜风轻飘飘地吹拂着，空气中飘荡着一种大海和田禾相混合的香味儿，柔软的沙滩上还残留着白天太阳炙晒的余温。那些在各个工作岗位上劳动了一天的人们，三三两两地来到这软绵绵的沙滩上，他们浴着凉爽的海风，望着那缀满了星星的夜空，尽情地说笑，尽情地休憩。

（节选自峻青《海滨仲夏夜》）

作品 13 号

生命在海洋里诞生绝不是偶然的，海洋的物理和化学性质，使它成为孕育原始生命的摇篮。

我们知道，水是生物的重要组成部分，许多动物组织的含水量在百分之八十以上，而一些海洋生物的含水量高达百分之九十五。水是新陈代谢的重要媒介，没有它，体内的一系列生理和生物化学反应就无法进行，生命也就停止。因此，在短时期内动物缺水要比缺少食物更加危险。水对今天的生命是如此重要，它对脆弱的原始生命，更是举足轻重了。生命在海洋里诞生，就不会有缺水之忧。

水是一种良好的溶剂。海洋中含有许多生命所必需的无机盐，如氯化钠、氯化钾、碳酸盐、磷酸盐，还有溶解氧，原始生命可以毫不费力地从中吸取它所需要的元素。

水具有很高的热容量，加之海洋浩大，任凭夏季烈日曝晒，冬季寒风扫荡，它的温度变化却比较小。因此，巨大的海洋就像是天然的“温箱”，是孕育原始生命的温床。

阳光虽然为生命所必需，但是阳光中的紫外线却有扼杀原始生命的危险。水能有效地吸收紫外线，因而又为原始生命提供了天然的“屏障”。

这一切都是原始生命得以产生和发展的必要条件。//

（节选自童裳亮《海洋与生命》）

作品 14 号

读小学的时候，我的外祖母去世了。外祖母生前最疼爱我，我无法排除自己的忧伤，每天在学校的操场上一圈儿又一圈儿地跑着，跑得累倒在地上，扑在草坪上痛哭。

那哀痛的日子，断断续续地持续了很久，爸爸妈妈也不知道如何安慰我。他们知道与其骗我说外祖母睡着了，还不如对我说实话：外祖母永远不会回来了。

“什么是永远不会回来呢?”我问着。

“所有时间里的事物，都永远不会回来。你的昨天过去，它就永远变成昨天，你不能再回到昨天。爸爸以前也和你一样小，现在也不能回到你这么小的童年了；有一天你会长大，你会像外祖母一样老；有一天你度过了你的时间，就永远不会回来了。”爸爸说。

爸爸等于给我一个谜语，这谜语比课本上的“日历挂在墙壁，一天撕去一页，使我心里着急”和“一寸光阴一寸金，寸金难买寸光阴”还让我感到可怕；也比作文本上的“光阴似箭，日月如梭”更让我觉得有一种说不出的滋味。

时间过得那么飞快，使我的小心眼儿里不只是着急，还有悲伤。有一天我放学回家，看到太阳快落山了，就下决心说：“我要比太阳更快地回家。”我狂奔回去，站在庭院前喘气的时候，看到太阳//还露着半边脸，我高兴地跳跃起来，那一天我跑赢了太阳。以后我就时常做那样的游戏，有时和太阳赛跑，有时和西北风比快，有时一个暑假才能做完的作业，我十天就做完了；那时我三年级，常常把哥哥五年级的作业拿来做。每一次比赛胜过时间，我就快乐得不知道怎么形容。

如果将来我有什么要教给我的孩子，我会告诉他：假若你一直和时间比赛，你就可以成功!

（节选自林清玄《和时间赛跑》）

作品 15 号

20 世纪 30 年代初，胡适在北京大学任教授。讲课时他常常对白话文大加称赞，引起一些只喜欢文言文而不喜欢白话文的学生的不满。

一次，胡适正讲得得意的时候，一位姓魏的学生突然站了起来，生气地问：“胡先生，难道说白话文就毫无缺点吗?”胡适微笑着回答说：“没有。”那位学生更加激动了：“肯定有！白话文废话太多，打电报用字多，花钱多。”胡适的目光顿时变亮了。轻声地解释说：“不一定吧！前几天有位朋友给我打来电报，请我去政府部门工作，我决定不去，就回电拒绝了。复电是用白话写的，看来也很省字。请同学们根据我这个意思，用文言文写一个回电，看看究竟是白话文省字，还是文言文省字?”胡教授刚说完，同学们立刻认真地写了起来。

十五分钟过去，胡适让同学举手，报告用字的数目，然后挑了一份用字最少的文言电报稿，电文是这样写的：

“才疏学浅，恐难胜任，不堪从命。”白话文的意思是：学问不深，恐怕很难担任这个工作，不能服从安排。

胡适说，这份写得确实不错，仅用了十二个字。但我的白话电报却只用了五个字：

“干不了，谢谢！”

胡适又解释说：“干不了”就有才疏学浅、恐难胜任的意思；“谢谢”既//对朋友的介绍表示感谢，又有拒绝的意思。所以，废话多不多，并不看它是文言文还是白话文，只要注意选用字词，白话文是可以比文言文更省字的。

（节选自陈灼主编《实用汉语中级教程》（上）中《胡适的白话电报》）

作品 16 号

很久以前，在一个漆黑的秋天的夜晚，我泛舟在西伯利亚一条阴森森的河上。船到一个转弯处，只见前面黑黢（qū）黢的山峰下面一星火光蓦（mò）地一闪。

火光又明又亮，好像就在眼前……

“好啦，谢天谢地！”我高兴地说，“马上就到过夜的地方啦！”

船夫扭头朝身后的火光望了一眼，又不以为然地划起桨来。

“远着呢！”

我不相信他的话，因为火光冲破朦胧的夜色，明明在那儿闪烁。不过船夫是对的，事实上，火光的确还远着呢。

这些黑夜的火光的特点是：驱散黑暗，闪闪发亮，近在眼前，令人神往。乍一看，再划几下就到了……其实却还远着呢！……

我们在漆黑如墨的河上又划了很久。一个个峡谷和悬崖，迎面驶来，又向后移去，仿佛消失在茫茫的远方，而火光却依然停在前头，闪闪发亮，令人神往——依然是这么近，又依然是那么远……

现在，无论是这条被悬崖峭壁的阴影笼罩的漆黑的河流，还是那一星明亮的火光，都经常浮现在我的脑际，在这以前和在这以后，曾有许多火光，似乎近在咫尺，不止使我一人心驰神往。可是生活之河却仍然在那阴森森的两岸之间流着，而火光也依旧非常遥远。因此，必须加劲划桨……

然而，火光啊……毕竟……毕竟就//在前头！……

（节选自［俄］柯罗连科《火光》，张铁夫译）

作品 17 号

对于一个在北平住惯的人，像我，冬天要是不刮风，便觉得是奇迹；济南的冬天是没有风声的。对于一个刚由伦敦回来的人，像我，冬天要能看得见日光，便觉得是怪事；济南的冬天是响晴的。自然，在热带的地方，日光永远是那么毒，响亮的天气，反有点儿叫人害怕。可是，在北方的冬天，而能有温晴的天气，济南真得算个宝地。

设若单单是有阳光，那也算不了出奇。请闭上眼睛想：一个老城，有山有水，全在天底下晒着阳光，暖和安适地睡着，只等春风来把它们唤醒，这是不是理想的境界？小山整把济南围了个圈儿，只有北边缺着点口儿。这一圈小山在冬天特别可爱，好像是把济南放在一个小摇篮里，它们安静不动地低声地说："你们放心吧，这儿准保暖和。"真的，济南的人们在冬天是面上含笑的。他们一看那些小山，心中便觉得有了着落，有了依靠。他们由天上看到山上，便不知不觉地想起：明天也许就是春天了吧？这样的温暖，今天夜里山草也许就绿起来了吧？就是这点儿幻想不能一时实现，他们也并不着急，因为这样慈善的冬天，干什么还希望别的呢！

最妙的是下点儿小雪呀。看吧，山上的矮松越发的青黑，树尖儿上//顶着一髻（jì）儿白花，好像日本看护妇。山尖儿全白了，给蓝天镶上一道银边。山坡上，有的地方雪厚点儿，有的地方草色还露着；这样，一道儿白，一道儿暗黄，给山们穿上一件带水纹儿的花衣；看着看着，这件花衣好像被风儿吹动，叫你希望看见一点儿更美的山的肌肤。等到快日落的时候，微黄的阳光斜射在山腰上，那点儿薄雪好像忽然害羞，微微露出点儿粉色。就是下小雪吧，济南是受不住大雪的，那些小山太秀气。

（节选自老舍《济南的冬天》）

作品18号

纯朴的家乡村边有一条河，曲曲弯弯，河中架一弯石桥，弓样的小桥横跨两岸。

每天，不管是鸡鸣晓月，日丽中天，还是月华泻地，小桥都印下串串足迹，洒落串串汗珠。那是乡亲为了追求多棱的希望，兑现美好的遐想。弯弯小桥，不时荡过轻吟低唱，不时露出舒心的笑容。

因而，我稚小的心灵，曾将心声献给小桥：你是一弯银色的新月，给人间普照光辉；你是一把闪亮的镰刀，割刈（yì）着欢笑的花果；你是一根晃悠悠的扁担，挑起了彩色的明天！哦，小桥走进我的梦中。

我在飘泊他乡的岁月，心中总涌动着故乡的河水，梦中总看到弓样的小桥。当我访南疆探北国，眼帘闯进座座雄伟的长桥时，我的梦变得丰满了，增添了赤橙黄绿青蓝紫。

三十多年过去，我带着满头霜花回到故乡，第一紧要的便是去看望小桥。

啊！小桥呢？它躲起来了？河中一道长虹，浴着朝霞熠熠闪光。哦，雄浑的大桥敞开胸怀，汽车的呼啸、摩托的笛音、自行车的叮铃，合奏着进行交响乐；南来的钢筋、花布，北往的柑橙、家禽，绘出交流欢悦图……

啊！蜕变的桥，传递了家乡进步的消息，透露了家乡富裕的声音。时代的春风，美好的追求，我蓦地记起儿时唱//给小桥的歌，哦，明艳艳的太阳照耀了，芳香甜蜜的花果捧来了，五彩斑斓的岁月拉开了！

我心中涌动的河水，激荡起甜美的浪花。我仰望一碧蓝天，心底轻声呼喊：家乡的桥啊，我梦中的桥！

（节选自郑莹《家乡的桥》）

作品 19 号

三百多年前，建筑设计师莱伊恩受命设计了英国温泽市政府大厅。他运用工程力学的知识，依据自己多年的实践，巧妙地设计了只用一根柱子支撑的大厅天花板。一年以后，市政府权威人士进行工程验收时，却说只用一根柱子支撑天花板太危险，要求莱伊恩再多加几根柱子。

莱伊恩自信只要一根坚固的柱子足以保证大厅安全，他的“固执”惹恼了市政官员，险些被送上法庭。他非常苦恼，坚持自己原先的主张吧，市政官员肯定会另找人修改设计；不坚持吧，又有悖自己为人的准则。矛盾了很长一段时间，莱伊恩终于想出了一条妙计，他在大厅里增加了四根柱子，不过这些柱子并未与天花板接触，只不过是装装样子。

三百多年过去了，这个秘密始终没有被人发现。直到前两年，市政府准备修缮大厅的天花板，才发现莱伊恩当年的“弄虚作假”。消息传出后，世界各国的建筑专家和游客云集，当地政府对此也不加掩饰。在新世纪到来之际，特意将大厅作为一个旅游景点对外开放，旨在引导人们崇尚和相信科学。

作为一名建筑师，莱伊恩并不是最出色的。但作为一个人，他无疑非常伟大，这种//伟大表现在他始终恪守着自己的原则，给高贵的心灵一个美丽的住所，哪怕是遭遇到最大的阻力，也要想办法抵达胜利。

（节选自游宇明《坚守你的高贵》）

作品 20 号

自从传言有人在萨文河畔散步时无意发现了金子后，这里便常有来自四面八方的淘金者。他们都想成为富翁，于是寻遍了整个河床，还在河床上挖出很多大坑，希望借助它们找到更多的金子。的确，有一些人找到了，但另外一些人因为一无所得而只好扫兴归去。

也有不甘心落空的，便驻扎在这里，继续寻找。彼得·弗雷特就是其中一员。他在河床附近买了一块没人要的土地，一个人默默地工作。他为了找金子，已把所有的钱都押在这块土地上。他埋头苦干了几个月，直到土地全变成了坑坑洼洼，他失望了——他翻遍了整块土地，但连一丁点儿金子都没看见。

六个月后，他连买面包的钱都没有了。于是他准备离开这儿到别处去谋生。

就在他即将离去的前一个晚上，天下起了倾盆大雨，并且一下就是三天三夜。雨终于停了，彼得走出小木屋，发现眼前的土地看上去好像和以前不一样：坑坑洼洼已被大水冲刷平整，松软的土地上长出一层绿茸茸的小草。

“这里没找到金子，”彼得忽有所悟地说，“但这儿土地很肥沃，我可以用来种花，并且拿到镇上去卖给那些富人，他们一定会买些花装扮他们华丽的客厅。//如果真是这样的话，那么我一定会赚许多钱，有朝一日我也会成为富人……”

于是他留了下来。彼得花了不少精力培育花苗，不久田地里长满了美丽娇艳的各色鲜花。

五年以后，彼得终于实现了他的梦想——成了一个富翁。“我是唯一的一个找到真金的人!”他时常不无骄傲地告诉别人，“别人在这儿找不到金子后便远远地离开，而我的‘金子’是在这块土地里，只有诚实的人用勤劳才能采集到。”

（节选自陶猛译《金子》）

作品21号

我在加拿大学习期间遇到过两次募捐，那情景至今使我难以忘怀。

一天，我在渥太华的街上被两个男孩子拦住去路。他们十来岁，穿得整整齐齐，每人头上戴着个做工精巧、色彩鲜艳的纸帽，上面写着“为帮助患小儿麻痹的伙伴募捐。”其中的一个，不由分说就坐在小凳上给我擦起皮鞋来，另一个则彬彬有礼地发问：“小姐，您是哪国人？喜欢渥太华吗?”“小姐，在你们国家有没有小孩儿患小儿麻痹？谁给他们医疗费?”一连串的问题，使我这个有生以来头一次在众目睽睽之下让别人擦鞋的异乡人，从近乎狼狈的窘态中解脱出来。我们像朋友一样聊起天儿来……

几个月之后，也是在街上。一些十字路口处或车站坐着几位老人。他们满头银发，身穿各种老式军装，上面布满了大大小小形形色色的徽章、奖章，每人手捧一大束鲜花，有水仙、石竹、玫瑰及叫不出名字的，一色雪白。匆匆过往的行人纷纷止步，把钱投进这些老人身旁的白色木箱内，然后向他们微微鞠躬，从他们手中接过一朵花。我看了一会儿，有人投一两元，有人投几百元，还有人掏出支票填好后投进木箱。那些老军人毫不注意人们捐多少钱，一直不//停地向人们低声道谢。同行的朋友告诉我，这是为纪念二次大战中参战的勇士，募捐救济残废军人和烈士遗孀，每年一次；认捐的人可谓踊跃，而且秩序井然，气氛庄严。有些地方，人们还耐心地排着队。我想，这是因为他们都知道：正是这些老人们的流血牺牲换来了包括他们信仰自由在内的许许多多。

我两次把那微不足道的一点儿钱捧给他们，只想对他们说声“谢谢”。

（节选自青白《捐诚》）

作品22号

没有一片绿叶，没有一缕炊烟，没有一粒泥土，没有一丝花香，只有水的世界，云的海洋。

一阵台风袭过，一只孤单的小鸟无家可归，落到被卷到洋里的木板上，乘流而下，姗姗而来，近了，近了！……

忽然，小鸟张开翅膀，在人们头顶盘旋了几圈儿，“噗啦”一声落到了船上。许是累了？还是发现了“新大陆”？水手撵它它不走，抓它，它乖乖地落在掌心。可爱的小鸟和善良的水手结成了朋友。

瞧，它多美丽，娇巧的小嘴，啄理着绿色的羽毛，鸭子样的扁脚，呈现出春草的鹅黄。水手们把它带到舱里，给它“搭铺”，让它在船上安家落户，每天，把分到的一塑料筒淡水匀给它喝，把从祖国带来的鲜美的鱼肉分给它吃，天长日久，小鸟和水手的感情日趋笃厚。清晨，当第一束阳光射进舷窗时，它便敞开美丽的歌喉，唱啊唱，嘤嘤有韵，宛如春水淙（cóng）淙。人类给它以生命，它毫不悭吝（qiānlìn）地把自己的艺术青春奉献给了哺育它的人。可能都是这样？艺术家们的青春只会献给尊敬他们的人。

小鸟给远航生活蒙上了一层浪漫色调。返航时，人们爱不释手，恋恋不舍地想把它带到异乡。可小鸟憔悴了，给水，不喝！喂肉，不吃！油亮的羽毛失去了光泽。是啊，我//们有自己的祖国，小鸟也有它的归宿，人和动物都是一样啊，哪儿也不如故乡好！

慈爱的水手们决定放开它，让它回到大海的摇篮去，回到蓝色的故乡去。离别前，这个大自然的朋友与水手们留影纪念。它站在许多人的头上，肩上，掌上，胳膊上，与喂养过它的人们，一起融进那蓝色的画面……

（节选自王文杰《可爱的小鸟》）

作品 23 号

纽约的冬天常有大风雪，扑面的雪花不但令人难以睁开眼睛，甚至呼吸都会吸入冰冷的雪花。有时前一天晚上还是一片晴朗，第二天拉开窗帘，却已经积雪盈尺，连门都推不开了。

遇到这样的情况，公司、商店常会停止上班，学校也通过广播，宣布停课。但令人不解的是，唯有公立小学，仍然开放。只见黄色的校车，艰难地在路边接孩子，老师则一大早就口中喷着热气，铲去车子前后的积雪，小心翼翼地开车去学校。

据统计，十年来纽约的公立小学只因为超级暴风雪停过七次课。这是多么令人惊讶的事。犯得着在大人都无须上班的时候让孩子去学校吗？小学的老师也太倒霉了吧？

于是，每逢大雪而小学不停课时，都有家长打电话去骂。妙的是，每个打电话的人，反应全一样——先是怒气冲冲地责问，然后满口道歉，最后笑容满面地挂上电话。原因是，学校告诉家长：

在纽约有许多百万富翁，但也有不少贫困的家庭。后者白天开不起暖气，供不起午餐，孩子的营养全靠学校里免费的中饭，甚至可以多拿些回家当晚餐。学校停课一天，穷孩子就受一天冻，挨一天饿，所以老师们宁愿自己苦一点儿，也不能停//课。

或许有家长会说：何不让富裕的孩子在家里，让贫穷的孩子去学校享受暖气和营养午餐呢？

学校的答复是：我们不愿让那些穷苦的孩子感到他们是在接受救济，因为施舍的最高原则是保持受施者的尊严。

（节选自刘墉《课不能停》）

作品24号

十年，在历史上不过是一瞬间。只要稍加注意，人们就会发现：在这一瞬间里，各种事物都悄悄经历了自己的千变万化。

这次重新访日，我处处感到亲切和熟悉，也在许多方面发觉了日本的变化。就拿奈良的一个角落来说吧，我重游了为之感受很深的唐招提寺，在寺内各处匆匆走了一遍，庭院依旧，但意想不到还看到了一些新的东西。其中之一，就是近几年从中国移植来的“友谊之莲”。

在存放鉴真遗像的那个院子里，几株中国莲昂然挺立，翠绿的宽大荷叶正迎风而舞，显得十分愉快。开花的季节已过，荷花朵朵已变为莲蓬累累。莲子的颜色正在由青转紫，看来已经成熟了。

我禁不住想：“因”已转化为“果”。

中国的莲花开在日本，日本的樱花开在中国，这不是偶然。我希望这样一种盛况延续不衰。可能有人不欣赏花，但决不会有人欣赏落在自己面前的炮弹。

在这些日子里，我看到了不少多年不见的老朋友，又结识了一些新朋友。大家喜欢涉及的话题之一，就是古长安和古奈良。那还用得着问吗？朋友们缅怀过去，正是瞩望未来。瞩目于未来的人们必将获得未来。

我不例外，也希望一个美好的未来。

为了//中日人民之间的友谊，我将不浪费今后生命的每一瞬间。

（节选自严文井《莲花和樱花》）

作品25号

梅雨潭闪闪的绿色招引着我们，我们开始追捉她那离合的神光了。揪着草，攀着乱石，小心探身下去，又鞠躬过了一个石穹门，便到了汪汪一碧的潭边了。

瀑布在襟袖之间，但是我的心中已没有瀑布了。我的心随潭水的绿而摇荡。那醉人的绿呀！仿佛一张极大极大的荷叶铺着，满是奇异的绿呀。我想张开两臂抱住她，但这是怎样一个妄想啊。

站在水边，望到那面，居然觉着有些远呢！这平铺着、厚积着的绿，着实可爱。她松松地皱缬（xié）着，像少妇拖着的裙幅；她滑滑地明亮着，像涂了“明油”一般，有鸡蛋清那样软，那样嫩；她又不杂些尘滓，宛然一块温润的碧玉，只清清的一色——但你却看不透她！

我曾见过北京什刹海（shíchàhǎi）拂地的绿杨，脱不了鹅黄的底子，似乎太淡了。我又曾见过杭州虎跑寺近旁高峻而深密的“绿壁”，丛叠着无穷的碧草与绿叶的，那又似乎太浓了。其余呢，西湖的波太明了，秦淮河的也太暗了。可爱的，我将什么来比拟你呢？我怎么比拟得出呢？大约潭是很深的，故能蕴蓄着这样奇异的绿；仿佛蔚蓝的天融了一块在里面似的，这才这般的鲜润啊。

那醉人的绿呀！我若能裁你以为带，我将赠给那轻盈的//舞女，她必能临风飘舞了。我若能挹（yì）你以为眼，我将赠给那善歌的盲妹，她必明眸善睐了。我舍不得你，我怎舍得你呢？我用手拍着你，抚摩着你，如同一个十二三岁的小姑娘。我又掬你入口，便是吻着她了。我送你一个名字，我从此叫你“女儿绿”，好吗？

第二次到仙岩的时候，我不禁惊诧于梅雨潭的绿了。

（节选自朱自清《绿》）

作品 26 号

我们家的后园有半亩空地，母亲说：“让它荒着怪可惜的，你们那么爱吃花生，就开辟出来种花生吧。”我们姐弟几个都很高兴，买种，翻地，播种，浇水，没过几个月，居然收获了。

母亲说：“今晚我们过一个收获节，请你们父亲也来尝尝我们的新花生，好不好？”我们都说好。母亲把花生做成了好几样食品，还吩咐就在后园的茅亭里过这个节。

晚上天色不太好，可是父亲也来了，实在很难得。

父亲说：“你们爱吃花生吗？”

我们争着答应：“爱！”

“谁能把花生的好处说出来？”

姐姐说：“花生的味美。”

哥哥说：“花生可以榨油。”

我说：“花生的价钱便宜，谁都可以买来吃，都喜欢吃。这就是它的好处。”

父亲说：“花生的好处很多，有一样最可贵：它的果实埋在地里，不像桃子、石榴、苹果那样，把鲜红嫩绿的果实高高地挂在枝头上，使人一见就生爱慕之心。你们看它矮矮地长在地上，等到成熟了，也不能立刻分辨出来它有没有果实，必须挖出来才知道。”

我们都说是，母亲也点点头。

父亲接下去说：“所以你们要像花生，它虽然不好看，可是很有用，不是外表好看而没有实用的东西。”

我说：“那么，人要做有用的人，不要做只讲体面，而对别人没有好处的人了。”//

父亲说：“对。这是我对你们的希望。”

我们谈到夜深才散。花生做的食品都吃完了，父亲的话却深深地印在我的心上。

（节选自许地山《落花生》）

作品 27 号

我打猎归来，沿着花园的林阴路走着。狗跑在我前边。

突然，狗放慢脚步，蹑足潜行，好像嗅到了前边有什么野物。

我顺着林阴路望去，看见了一只嘴边还带黄色、头上生着柔毛的小麻雀。风猛烈地吹打着林阴路上的白桦树，麻雀从巢里跌落下来，呆呆地伏在地上，孤立无援地张开两只羽毛还未丰满的小翅膀。

我的狗慢慢向它靠近。忽然，从附近一棵树上飞下一只黑胸脯的老麻雀，像一颗石子似的落到狗的跟前。老麻雀全身倒竖着羽毛，惊恐万状，发出绝望、凄惨的叫声，接着向露出牙齿、大张着的狗嘴扑去。

老麻雀是猛扑下来救护幼雀的。它用身体掩护着自己的幼儿……但它整个小小的身体因恐怖而战栗着，它小小的声音也变得粗暴嘶哑，它在牺牲自己！

在它看来，狗该是多么庞大的怪物啊！然而，它还是不能站在自己高高的、安全的树枝上……一种比它的理智更强烈的力量，使它从那儿扑下身来。

我的狗站住了，向后退了退……看来，它也感到了这种力量。

我赶紧唤住惊慌失措的狗，然后我怀着崇敬的心情，走开了。

是啊，请不要见笑。我崇敬那只小小的、英勇的鸟儿，我崇敬它那种爱的冲动和力量。

爱，我//想，比死和死的恐惧更强大。只有依靠它，依靠这种爱，生命才能维持下去，发展下去。

（节选自［俄］屠格涅夫《麻雀》，巴金译）

作品28号

那年我六岁。离我家仅一箭之遥的小山坡旁，有一个早已被废弃的采石场，双亲从来不准我去那儿，其实那儿风景十分迷人。

一个夏季的下午，我随着一群小伙伴偷偷上那儿去了。就在我们穿越了一条孤寂的小路后，他们却把我一个人留在原地，然后奔向“更危险的地带”了。

等他们走后，我惊慌失措地发现，再也找不到要回家的那条孤寂的小道了。像只无头的苍蝇，我到处乱钻，衣裤上挂满了芒刺。太阳已经落山，而此时此刻，家里一定开始吃晚餐了，双亲正盼着我回家……想着想着，我不由得背靠着一棵树，伤心地呜呜大哭起来……

突然，不远处传来了声声柳笛。我像找到了救星，急忙循声走去。一条小道边的树桩上坐着一位吹笛人，手里还正削着什么。走近细看，他不就是被大家称为“乡巴佬儿”的卡廷吗？

“你好，小家伙儿，”卡廷说，“看天气多美，你是出来散步的吧？”

我怯生生地点点头，答道：“我要回家了。”

“请耐心等上几分钟，”卡廷说，“瞧，我正在削一支柳笛，差不多就要做好了，完工后就送给你吧！”

卡廷边削边不时把尚未成形的柳笛放在嘴里试吹一下。没过多久，一支柳笛便递到我手中。我俩在一阵阵清脆悦耳的笛音//中，踏上了归途……

当时，我心中只充满感激，而今天，当我自己也成了祖父时，却突然领悟到他用心之良苦！那天当他听到我的哭声时，便判定我一定迷了路，但他并不想在孩子面前扮演“救星”的角色，于是吹响柳笛以便让我能发现他，并跟着他走出困境！就这样，卡廷先生以乡下人的纯朴，保护了一个小男孩儿强烈的自尊。

（节选自唐若水译《迷途笛音》）

作品 29 号

在浩瀚无垠的沙漠里，有一片美丽的绿洲，绿洲里藏着一颗闪光的珍珠。这颗珍珠就是敦煌莫高窟。它坐落在我国甘肃省敦煌市三危山和鸣沙山的怀抱中。

鸣沙山东麓（lù）是平均高度为十七米的崖壁。在一千六百多米长的崖壁上，凿有大小洞窟七百余个，形成了规模宏伟的石窟群。其中四百九十二个洞窟中，共有彩色塑像两千一百余尊，各种壁画共四万五千多平方米。莫高窟是我国古代无数艺术匠师留给人类的珍贵文化遗产。

莫高窟的彩塑，每一尊都是一件精美的艺术品。最大的有九层楼那么高，最小的还不如一个手掌大。这些彩塑个性鲜明，神态各异。有慈眉善目的菩萨，有威风凛凛的天王，还有强壮勇猛的力士……

莫高窟壁画的内容丰富多彩，有的是描绘古代劳动人民打猎、捕鱼、耕田、收割的情景，有的是描绘人们奏乐、舞蹈、演杂技的场面，还有的是描绘大自然的美丽风光。其中最引人注目的是飞天。壁画上的飞天，有的臂挎花篮，采摘鲜花；有的反弹琵琶，轻拨银弦；有的倒悬身子，自天而降；有的彩带飘拂，漫天遨游；有的舒展着双臂，翩翩起舞。看着这些精美动人的壁画，就像走进了//灿烂辉煌的艺术殿堂。

莫高窟里还有一个面积不大的洞窟——藏经洞。洞里曾藏有我国古代的各种经卷、文书、帛画、刺绣、铜像等共六万多件。由于清朝政府腐败无能，大量珍贵的文物被外国强盗掠走。仅存的部分经卷，现在陈列于北京故宫等处。

莫高窟是举世闻名的艺术宝库。这里的每一尊彩塑、每一幅壁画、每一件文物，都是中国古代人民智慧的结晶。

（节选自小学《语文》第六册中《莫高窟》）

作品 30 号

其实你在很久以前并不喜欢牡丹，因为它总被人作为富贵膜拜。后来你目睹了一次牡丹的落花，你相信所有的人都会为之感动：一阵清风徐来，娇艳鲜嫩的盛期牡丹忽然整朵整朵地坠落，铺撒一地绚丽的花瓣。那花瓣落地时依然鲜艳夺目，如同一只奉上祭坛的大鸟脱落的羽毛，低吟着壮烈的悲歌离去。

牡丹没有花谢花败之时，要么烁于枝头，要么归于泥土，它跨越萎顿和衰老，由青春而死亡，由美丽而消遁。它虽美却不吝惜生命，即使告别也要展示给人最后一次的惊心动魄。

所以在这阴冷的四月里，奇迹不会发生。任凭游人扫兴和诅咒，牡丹依然安之若素。它不苟且、不俯就、不妥协、不媚俗，甘愿自己冷落自己。它遵循自己的花期、自己的规律，它有权利为自己选择每年一度的盛大节日。它为什么不拒绝寒冷？

天南海北的看花人，依然络绎不绝地涌入洛阳城。人们不会因牡丹的拒绝而拒绝它的美。如果它再被贬谪（biǎnzhé）十次，也许它就会繁衍出十个洛阳牡丹城。

于是你在无言的遗憾中感悟到，富贵与高贵只是一字之差。同人一样，花儿也是有灵性的，更有品位之高低。品位这东西为气为魂为//筋骨为神韵，只可意会。你叹服牡丹卓而不群之姿，方知品位是多么容易被世人忽略或是漠视的美。

（节选自张抗抗《牡丹的拒绝》）

作品 31 号

森林涵养水源，保持水土，防止水旱灾害的作用非常大。据专家测算，一片十万亩面积的森林，相当于一个两百万立方米的水库。这正如农谚所说的："山上多栽树，等于修水库。雨多它能吞，雨少它能吐。"

说起森林的功劳，那还多得很。它除了为人类提供木材及许多种生产、生活的原料之外，在维护生态环境方面也是功劳卓著。它用另一种"能吞能吐"的特殊功能孕育了人类。因为地球在形成之初，大气中的二氧化碳含量很高，氧气很少，气温也高，生物是难以生存的。大约在四亿年之前，陆地才产生了森林。森林慢慢将大气中的二氧化碳吸收，同时吐出新鲜氧气，调节气温，这才具备了人类生存的条件，地球上才最终有了人类。

森林，是地球生态系统的主体，是大自然的总调度室，是地球的绿色之肺。森林维护地球生态环境的这种"能吞能吐"的特殊功能是其他任何物体都不能取代的。然而，由于地球上的燃烧物增多，二氧化碳的排放量急剧增加，使得地球生态环境急剧恶化，主要表现为全球气候变暖，水分蒸发加快，改变了气流的循环，使气候变化加剧，从而引发热浪、飓风、暴雨、洪涝及干旱。

为了//使地球的这个"能吞能吐"的绿色之肺恢复健壮，以改善生态环境，抑制全球变暖，减少水旱等自然灾害，我们应该大力造林、护林，使每一座荒山都绿起来。

（节选自《中考语文课外阅读试题精选》中《"能吞能吐"的森林》）

作品 32 号

朋友即将远行。

暮春时节，又邀了几位朋友在家小聚。虽然都是极熟的朋友，却是终年难得一见，偶尔电话里相遇，也无非是几句寻常话。一锅小米稀饭，一碟大头菜，一盘自家酿制的泡菜，一只巷口买回的烤鸭，简简单单，不像请客，倒像家人团聚。

其实，友情也好，爱情也好，久而久之都会转化为亲情。

说也奇怪，和新朋友会谈文学、谈哲学、谈人生道理，等等，和老朋友却只话家常，柴米油盐，细细碎碎，种种琐事。很多时候，心灵的契合已经不需要太多的言语来表达。

朋友新烫了个头，不敢回家见母亲，恐怕惊骇了老人家，却欢天喜地来见我们，老朋友颇能以一种趣味性的眼光欣赏这个改变。

年少的时候，我们差不多都在为别人而活，为苦口婆心的父母活，为循循善诱的师长活，为许多观念、许多传统的约束力而活。年岁逐增，渐渐挣脱外在的限制与束缚，开始懂得为自己活，照自己的方式做一些自己喜欢的事，不在乎别人的批评意见，不在乎别人的诋毁流言，只在乎那一份随心所欲的舒坦自然。偶尔，也能够纵容自己放浪一下，并且有一种恶作剧的窃喜。

就让生命顺其自然、水到渠成吧，犹如窗前的//乌柏（jiù），自生自落之间，自有一份圆融丰满的喜悦。春雨轻轻落着，没有诗，没有酒，有的只是一份相知相属的自在自得。

夜色在笑语中渐渐沉落，朋友起身告辞，没有挽留，没有送别，甚至也没有问归期。

已经过了大喜大悲的岁月，已经过了伤感流泪的年华，知道了聚散原来是这样的自然和顺理成章，懂得这点，便懂得珍惜每一次相聚的温馨，离别便也欢喜。

（节选自杏林子《朋友和其他》）

作品 33 号

我们在田野散步：我，我的母亲，我的妻子和儿子。

母亲本不愿出来的。她老了，身体不好，走远一点儿就觉得很累。我说，正因为如此，才应该多走走。母亲信服地点点头，便去拿外套。她现在很听我的话，就像我小时候很听她的话一样。

这南方初春的田野，大块小块的新绿随意地铺着，有的浓，有的淡，树上的嫩芽也密了，田里的冬水也咕咕地起着水泡。这一切都使人想着一样东西——生命。

我和母亲走在前面，我的妻子和儿子走在后面。小家伙突然叫起来："前面是妈妈和儿子，后面也是妈妈和儿子。"我们都笑了。

后来发生了分歧：母亲要走大路，大路平顺；我的儿子要走小路，小路有意思。不过，一切都取决于我。我的母亲老了，她早已习惯听从她强壮的儿子；我的儿子还小，他还习惯听从他高大的父亲；妻子呢，在外面，她总是听我的。一霎时我感到了责任的重大。我想找一个两全的办法，找不出；我想拆散一家人，分成两路，各得其所，终不愿意。我决定委屈儿子，因为我伴同他的时日还长。我说："走大路。"

但是母亲摸摸孙儿的小脑瓜，变了主意："还是走小路吧。"她的眼随小路望去：那里有金色的菜花，两行整齐的桑树，//尽头一口水波粼粼的鱼塘。"我走不过去的地方，你就背着我。"母亲对我说。

这样，我们在阳光下，向着那菜花、桑树和鱼塘走去。到了一处，我蹲下来，背起了母亲；妻子也蹲下来，背起了儿子。我和妻子都是慢慢地，稳稳地，走得很仔细，好像我背上的同她背上的加起来，就是整个世界。

（节选自莫怀戚《散步》）

作品34号

地球上是否真的存在“无底洞”？按说地球是圆的，由地壳、地幔和地核三层组成，真正的“无底洞”是不应存在的，我们所看到的各种山洞、裂口、裂缝，甚至火山口也都只是地壳浅部的一种现象。然而中国一些古籍却多次提到海外有个深奥莫测的无底洞。事实上地球上确实有这样一个“无底洞”。

它位于希腊亚各斯古城的海滨。由于濒临大海，涨潮时，汹涌的海水便会排山倒海般地涌入洞中，形成一股湍湍的急流。据测，每天流入洞内的海水量达三万多吨。奇怪的是，如此大量的海水灌入洞中，却从来没有把洞灌满。曾有人怀疑，这个“无底洞”，会不会就像石灰岩地区的漏斗、竖井、落水洞一类的地形。然而从20世纪30年代以来，人们就做了多种努力企图寻找它的出口，却都是枉费心机。

为了揭开这个秘密，1958年美国地理学会派出一支考察队，他们把一种经久不变的带色染料溶解在海水中，观察染料是如何随着海水一起沉下去的。接着又察看了附近海面以及岛上的各条河、湖，满怀希望地寻找这种带颜色的水，结果令人失望。难道是海水量太大把有色水稀释得太淡，以致无法发现？//

至今谁也不知道为什么这里的海水会没完没了地“漏”下去，这个“无底洞”的出口又在哪里，每天大量的海水究竟都流到哪里去了？

（节选自罗伯特·罗威尔《神秘的“无底洞”》）

作品35号

我在俄国见到的景物再没有比托尔斯泰墓更宏伟、更感人的。

完全按照托尔斯泰的愿望，他的坟墓成了世间最美的，给人印象最深刻的坟墓。它只是树林中的一个小小的长方形土丘，上面开满鲜花——没有十字架，没有墓碑，没有墓志铭，连托尔斯泰这个名字也没有。

这位比谁都感到受自己的声名所累的伟人，却像偶尔被发现的流浪汉，不为人知的士兵，不留名姓地被人埋葬了。谁都可以踏进他最后的安息地，围在四周稀疏的木栅栏是不关闭的——保护列夫·托尔斯泰得以安息的没有任何别的东西，唯有人们的敬意；而通常，人们却总是怀着好奇，去破坏伟人墓地的宁静。

这里，逼人的朴素禁锢住任何一种观赏的闲情，并且不容许你大声说话。风儿俯临，在这座无名者之墓的树木之间飒飒响着，和暖的阳光在坟头嬉戏；冬天，白雪温柔地覆盖这片幽暗的圭土地。无论你在夏天或冬天经过这儿，你都想象不到，这个小小的、隆起的长方体里安放着一位当代最伟大的人物。

然而，恰恰是这座不留姓名的坟墓，比所有挖空心思用大理石和奢华装饰建造的坟墓更扣人心弦。在今天这个特殊的日子∥里，到他的安息地来的成百上千人中间，没有一个有勇气，哪怕仅仅从这幽暗的土丘上摘下一朵花留作纪念。人们重新感到，世界上再没有比托尔斯泰最后留下的、这座纪念碑式的朴素坟墓，更打动人心的了。

（节选自［奥］茨威格《世间最美的坟墓》，张厚仁译）

作品 36 号

我国的建筑，从古代的宫殿到近代的一般住房，绝大部分是对称的，左边怎么样，右边怎么样。苏州园林可绝不讲究对称，好像故意避免似的。东边有了一个亭子或者一道回廊，西边决不会来一个同样的亭子或者一道同样的回廊。这是为什么？我想，用图画来比方，对称的建筑是图案画，不是美术画，而园林是美术画，美术画要求自然之趣，是不讲究对称的。

苏州园林里都有假山和池沼。

假山的堆叠，可以说是一项艺术而不仅是技术。或者是重峦叠嶂，或者是几座小山配合着竹子花木，全在乎设计者和匠师们生平多阅历，胸中有丘壑，才能使游览者攀登的时候忘却苏州城市，只觉得身在山间。

至于池沼，大多引用活水。有些园林池沼宽敞，就把池沼作为全园的中心，其他景物配合着布置。水面假如成河道模样，往往安排桥梁。假如安排两座以上的桥梁，那就一座一个样，决不雷同。

池沼或河道的边沿很少砌齐整的石岸，总是高低屈曲任其自然。还在那儿布置几块玲珑的石头，或者种些花草。这也是为了取得从各个角度看都成一幅画的效果。池沼里养着金鱼或各色鲤鱼，夏秋季节荷花或睡莲开∥放，游览者看“鱼戏莲叶间”，又是入画的一景。

（节选自叶圣陶《苏州园林》）

作品 37 号

一位访美中国女作家，在纽约遇到一位卖花的老太太。老太太穿着破旧，身体虚弱，但脸上的神情却是那样祥和兴奋。女作家挑了一朵花说：“看起来，你很高兴。”老太太面带微笑地说：“是的，一切都这么美好，我为什么不高兴呢？”“对烦恼，你倒真能看得开。”女作家又说了一句。没料到，老太太的回答更令女作家大吃一惊：“耶稣在星期五被钉上十字架时，是全世界最糟糕的一天，可三天后就是复活节。所以，当我遇到不幸时，就会等待三天，这样一切就恢复正常了。”

“等待三天”，多么富于哲理的话语，多么乐观的生活方式。它把烦恼和痛苦抛下，全力去收获快乐。

沈从文在“文革”期间，陷入了非人的境地。可他毫不在意，他在咸宁时给他的表侄、画家黄永玉写信说：“这里的荷花真好，你若来……”身陷苦难却仍为荷花的盛开欣喜赞叹不已，这是一种趋于澄明的境界，一种旷达洒脱的胸襟，一种面临磨难坦荡从容的气度，一种对生活童子般的热爱和对美好事物无限向往的生命情感。

由此可见，影响一个人快乐的，有时并不是困境及磨难，而是一个人的心态。如果把自己浸泡在积极、乐观、向上的心态中，快乐必然会//占据你的每一天。

（节选自《态度创造快乐》）

作品38号

泰山极顶看日出，历来被描绘成十分壮观的奇景。有人说：登泰山而看不到日出，就像一出大戏没有戏眼，味儿终究有点儿寡淡。

我去爬山那天，正赶上个难得的好天，万里长空，云彩丝儿都不见。素常，烟雾腾腾的山头，显得眉目分明。同伴们都欣喜地说：“明天早晨准可以看见日出了。”我也是抱着这种想头，爬上山去。

一路从山脚往上爬，细看山景，我觉得挂在眼前的不是五岳独尊的泰山，却像一幅规模惊人的青绿山水画，从下面倒展开来。在画卷中最先露出的是山根底那座明朝建筑岱宗坊，慢慢地便现出王母池、斗母宫、经石峪。山是一层比一层深，一叠比一叠奇，层层叠叠，不知还会有多深多奇。万山丛中，时而点染着极其工细的人物。王母池旁的吕祖殿里有不少尊明塑，塑着吕洞宾等一些人，姿态神情是那样有生气，你看了，不禁会脱口赞叹说：“活啦。”

画卷继续展开，绿阴森森的柏洞露面不太久，便来到对松山。两面奇峰对峙着，满山峰都是奇形怪状的老松，年纪怕都有上千岁了，颜色竟那么浓，浓得好像要流下来似的。来到这儿，你不妨权当一次画里的写意人物，坐在路旁的对松亭里，看看山色，听听流//水和松涛。

一时间，我又觉得自己不仅是在看画卷，却又像是在零零乱乱翻着一卷历史稿本。

（节选自杨朔《泰山极顶》）

作品39号

育才小学校长陶行知在校园看到学生王友用泥块砸自己班上的同学，陶行知当即喝止了他，并令他放学后到校长室去。无疑，陶行知是要好好教育这个“顽皮”的学生。那么他是如何教育的呢？

放学后，陶行知来到校长室，王友已经等在门口准备挨训了。可一见面，陶行知却掏出一块糖果送给王友，并说：“这是奖给你的，因为你按时来到这里，而我却迟到了。”王友惊疑地接过糖果。

随后，陶行知又掏出一块糖果放到他手里，说："这第二块糖果也是奖给你的，因为当我不让你再打人时，你立即就住手了，这说明你很尊重我，我应该奖你。"王友更惊疑了，他眼睛睁得大大的。

陶行知又掏出第三块糖果塞到王友手里，说："我调查过了，你用泥块砸那些男生，是因为他们不守游戏规则，欺负女生；你砸他们，说明你很正直善良，且有批评不良行为的勇气，应该奖励你啊！"王友感动极了，他流着眼泪后悔地喊道："陶……陶校长你打我两下吧！我砸的不是坏人，而是自己的同学啊……"

陶行知满意地笑了，他随即掏出第四块糖果递给王友，说："为你正确地认识错误，我再奖给你一块糖果，只可惜我只有这一块糖果了。我的糖果//没有了，我看我们的谈话也该结束了吧！"说完，就走出了校长室。

（节选自《教师博览·百期精华》中《陶行知的"四块糖果"》）

作品 40 号

享受幸福是需要学习的，当它即将来临的时刻需要提醒。人可以自然而然地学会感官的享乐，却无法天生地掌握幸福的韵律。灵魂的快意同器官的舒适像一对孪生兄弟，时而相傍相依，时而南辕北辙。

幸福是一种心灵的震颤。它像会倾听音乐的耳朵一样，需要不断地训练。

简而言之，幸福就是没有痛苦的时刻。它出现的频率并不像我们想象的那样少。人们常常只是在幸福的金马车已经驶过去很远时，才拣起地上的金鬃毛说，原来我见过它。

人们喜爱回味幸福的标本，却忽略它披着露水散发清香的时刻。那时候我们往往步履匆匆，瞻前顾后不知在忙着什么。

世上有预报台风的，有预报蝗灾的，有预报瘟疫的，有预报地震的。没有人预报幸福。

其实幸福和世界万物一样，有它的征兆。

幸福常常是朦胧的，很有节制地向我们喷洒甘霖。你不要总希望轰轰烈烈的幸福，它多半只是悄悄地扑面而来。你也不要企图把水龙头拧得更大，那样它会很快地流失。你需要静静地以平和之心，体验它的真谛。

幸福绝大多数是朴素的。它不会像信号弹似的，在很高的天际闪烁红色的光芒。它披着本色的外//衣，亲切温暖地包裹起我们。

幸福不喜欢喧嚣浮华，它常常在暗淡中降临。贫困中相濡以沫的一块糕饼，患难中心心相印的一个眼神，父亲一次粗糙的抚摸，女友一张温馨的字条……这都是千金难买的幸福啊。像一粒粒缀在旧绸子上的红宝石，在凄凉中愈发熠（yì）熠夺目。

（节选自毕淑敏《提醒幸福》）

作品41号

在里约热内卢的一个贫民窟里，有一个男孩子，他非常喜欢足球，可是又买不起，于是就踢塑料盒，踢汽水瓶，踢从垃圾箱里拣来的椰子壳。他在胡同里踢，在能找到的任何一片空地上踢。

有一天，当他在一处干涸的水塘里猛踢一个猪膀胱时，被一位足球教练看见了。他发现这个男孩儿踢得很像是那么回事，就主动提出要送给他一个足球。小男孩儿得到足球后踢得更卖劲了。不久，他就能准确地把球踢进远处随意摆放的一个水桶里。

圣诞节到了，孩子的妈妈说："我们没有钱买圣诞礼物送给我们的恩人，就让我们为他祈祷吧。"

小男孩儿跟随妈妈祈祷完毕，向妈妈要了一把铲子便跑了出去。他来到一座别墅前的花园里，开始挖坑。

就在他快要挖好坑的时候，从别墅里走出一个人来，问小孩儿在干什么，孩子抬起满是汗珠的脸蛋儿，说："教练，圣诞节到了，我没有礼物送给您，我愿给您的圣诞树挖一个树坑。"

教练把小男孩儿从树坑里拉上来，说，我今天得到了世界上最好的礼物。明天你就到我的训练场去吧。

三年后，这位十七岁的男孩儿在第六届足球锦标赛上独进二十一球，为巴西第一次捧回了金杯。一个原//来不为世人所知的名字——贝利，随之传遍世界。

（节选自刘燕敏《天才的造就》）

作品42号

记得我十三岁时，和母亲住在法国东南部的耐斯城。母亲没有丈夫，也没有亲戚，够清苦的，但她经常能拿出令人吃惊的东西，摆在我面前。她从来不吃肉，一再说自己是素食者。然而有一天，我发现母亲正仔细地用一小块碎面包擦那给我煎牛排用的油锅。我明白了她称自己为素食者的真正原因。

我十六岁时，母亲成了耐斯市美蒙旅馆的女经理。这时，她更忙碌了。一天，她瘫在椅子上，脸色苍白，嘴唇发灰。马上找来医生，做出诊断：她摄取了过多的胰岛素。直到这时我才知道母亲多年一直对我隐瞒的疾痛——糖尿病。

她的头歪向枕头一边，痛苦地用手抓挠胸口。床架上方，则挂着一枚我一九三二年赢得耐斯市少年乒乓球冠军的银质奖章。

啊，是对我的美好前途的憧憬支撑着她活下去，为了给她那荒唐的梦至少加一点真实的色彩，我只能继续努力，与时间竞争，直至一九三八年我被征入空军。巴黎很快失陷，我辗转调到英国皇家空军。刚到英国就接到了母亲的来信。这些信是由在瑞士的一个朋友秘密地转到伦敦，送到我手中的。

现在我要回家了，胸前佩带着醒目的绿黑两色的解放十字绶//带，上面挂着五六枚我终身难忘的勋章，肩上还佩带着军官肩章。到达旅馆时，没有一个人跟我打招呼。原来，我母亲在三年半以前就已经离开人间了。

在她死前的几天中，她写了近二百五十封信，把这些信交给她在瑞士的朋友，请这个朋友定时寄给我。就这样，在母亲死后的三年半的时间里，我一直从她身上吸取着力量和勇气——这使我能够继续战斗到胜利那一天。

（节选自［法］罗曼·加里《我的母亲独一无二》）

作品 43 号

生活对于任何人都非易事，我们必须有坚韧不拔的精神。最要紧的，还是我们自己要有信心。我们必须相信，我们对每一件事情都具有天赋的才能，并且，无论付出任何代价，都要把这件事完成。当事情结束的时候，你要能问心无愧地说："我已经尽我所能了。"

有一年的春天，我因病被迫在家里休息数周。我注视着我的女儿们所养的蚕正在结茧，这使我很感兴趣。望着这些蚕执着地、勤奋地工作，我感到我和它们非常相似。像它们一样，我总是耐心地把自己的努力集中在一个目标上。我之所以如此，或许是因为有某种力量在鞭策着我——正如蚕被鞭策着去结茧一般。

近五十年来，我致力于科学研究，而研究，就是对真理的探讨。我有许多美好快乐的记忆。少女时期我在巴黎大学，孤独地过着求学的岁月；在后来献身科学的整个时期，我丈夫和我专心致志，像在梦幻中一般，坐在简陋的书房里艰辛地研究，后来我们就在那里发现了镭。

我永远追求安静的工作和简单的家庭生活。为了实现这个理想，我竭力保持宁静的环境，以免受人事的干扰和盛名的拖累。

我深信，在科学方面我们有对事业而不//是对财富的兴趣。我的唯一奢望是在一个自由国家中，以一个自由学者的身份从事研究工作。

我一直沉醉于世界的优美之中，我所热爱的科学也不断地增加它崭新的远景。我认定科学本身就具有伟大的美。

（节选自［波兰］玛丽·居里《我的信念》，剑捷译）

作品 44 号

我为什么非要教书不可？是因为我喜欢当教师的时间安排表和生活节奏。七、八、九三个月给我提供了进行回顾、研究、写作的良机，并将三者有机融合，而善于回顾、研究和总结正是优秀教师素质中不可缺少的成分。

干这行给了我多种多样的"甘泉"去品尝，找优秀的书籍去研读，到"象牙塔"和实际世界里去发现。教学工作给我提供了继续学习的时间保证，以及多种途径、机遇和挑战。

然而，我爱这一行的真正原因，是爱我的学生。学生们在我的眼前成长、变化。当教师意味着亲历“创造”过程的发生——恰似亲手赋予一团泥土以生命，没有什么比目睹它开始呼吸更激动人心的了。

权利我也有了：我有权利去启发诱导，去激发智慧的火花，去问费心思考的问题，去赞扬回答的尝试，去推荐书籍，去指点迷津。还有什么别的权利能与之相比呢？

而且，教书还给我金钱和权利之外的东西，那就是爱心。不仅有对学生的爱，对书籍的爱，对知识的爱，还有教师才能感受到的对“特别”学生的爱。这些学生，有如冥顽不灵的泥块，由于接受了老师的炽爱才勃发了生机。

所以，我爱教书，还因为，在那些勃发生机的“特别”学//生身上，我有时发现自己和他们呼吸相通，忧乐与共。

（节选自［美］彼得·基·贝得勒《我为什么当教师》）

作品45号

中国西部我们通常是指黄河与秦岭相连一线以西，包括西北和西南的十二个省、市、自治区。这块广袤的土地面积为五百四十六万平方公里，占国土总面积的百分之五十七；人口二点八亿，占全国总人口的百分之二十三。

西部是华夏文明的源头。华夏祖先的脚步是顺着水边走的：长江上游出土过元谋人牙齿化石，距今约一百七十万年；黄河中游出土过蓝田人头盖骨，距今约七十万年。这两处古人类都比距今约五十万年的北京猿人资格更老。

西部地区是华夏文明的重要发源地。秦皇汉武以后，东西方文化在这里交汇融合，从而有了丝绸之路的驼铃声声，佛院深寺的暮鼓晨钟。敦煌莫高窟是世界文化史上的一个奇迹，它在继承汉晋艺术传统的基础上，形成了自己兼收并蓄的恢宏气度，展现出精美绝伦的艺术形式和博大精深的文化内涵。秦始皇兵马俑、西夏王陵、楼兰古国、布达拉宫、三星堆、大足石刻等历史文化遗产，同样为世界所瞩目，成为中华文化重要的象征。

西部地区又是少数民族及其文化的集萃地，几乎包括了我国所有的少数民族。在一些偏远的少数民族地区，仍保留了一些久远时代的艺术品种，成为珍贵的“活化石”，如纳西古乐、戏曲、剪纸、刺绣、岩画等民间艺术和宗教艺术。特色鲜明、丰富多彩，犹如一个巨大的民族民间文化艺术宝库。

我们要充分重视和利用这些得天独厚的资源优势，建立良好的民族民间文化生态环境，为西部大开发做出贡献。

（节选自《中考语文课外阅读试题精选》中《西部文化和西部开发》）

作品46号

高兴，这是一种具体的被看得到摸得着的事物所唤起的情绪。它是心理的，更是生理的。它容易来也容易去，谁也不应该对它视而不见失之交臂，谁也不应该总是做那些使自己不高兴也使旁人不高兴的事。让我们说一件最容易做也最令人高兴的事吧，尊重你自己，也尊重别人，这是每一个人的权利，我还要说这是每一个人的义务。

快乐，它是一种富有概括性的生存状态、工作状态。它几乎是先验的，它来自生命本身的活力，来自宇宙、地球和人间的吸引，它是世界的丰富、绚丽、阔大、悠久的体现。快乐还是一种力量，是埋在地下的根脉。消灭一个人的快乐比挖掘掉一棵大树的根要难得多。

欢欣，这是一种青春的、诗意的情感。它来自面向着未来伸开双臂奔跑的冲力，它来自一种轻松而又神秘、朦胧而又隐秘的激动，它是激情即将到来的预兆，它又是大雨过后的比下雨还要美妙得多也久远得多的回味……

喜悦，它是一种带有形而上色彩的修养和境界。与其说它是一种情绪，不如说它是一种智慧、一种超拔、一种悲天悯人的宽容和理解，一种饱经沧桑的充实和自信，一种光明的理性，一种坚定//的成熟，一种战胜了烦恼和庸俗的清明澄澈。它是一潭清水，它是一抹朝霞，它是无边的平原，它是沉默的地平线。多一点儿、再多一点儿喜悦吧，它是翅膀，也是归巢。它是一杯美酒，也是一朵永远开不败的莲花。

（节选自王蒙《喜悦》）

作品 47 号

在湾仔，香港最热闹的地方，有一棵榕树，它是最贵的一棵树，不光在香港，在全世界，都是最贵的。

树，活的树，又不卖何言其贵？只因它老，它粗，是香港百年沧桑的活见证，香港人不忍看着它被砍伐，或者被移走，便跟要占用这片山坡的建筑者谈条件：可以在这儿建大楼盖商厦，但一不准砍树，二不准挪树，必须把它原地精心养起来，成为香港闹市中的一景。太古大厦的建设者最后签了合同，占用这个大山坡建豪华商厦的先决条件是同意保护这棵老树。

树长在半山坡上，计划将树下面的成千上万吨山石全部掏空取走，腾出地方来盖楼，把树架在大楼上面，仿佛它原本是长在楼顶上似的。建设者就地造了一个直径十八米、深十米的大花盆，先固定好这棵老树，再在大花盆底下盖楼。光这一项就花了两千三百八十九万港币，堪称是最昂贵的保护措施了。

太古大厦落成之后，人们可以乘滚动扶梯一次到位，来到太古大厦的顶层，出后门，那儿是一片自然景色。一棵大树出现在人们面前，树干有一米半粗，树冠直径足有二十多米，独木成林，非常壮观，形成一座以它为中心的小公园，取名叫“榕圃”。树前面//插着铜牌，说明原由。此情此景，如不看铜牌的说明，绝对想不到巨树根底下还有一座宏伟的现代大楼。

（节选自舒乙《香港：最贵的一棵树》）

作品 48 号

我们的船渐渐地逼近榕树了，我有机会看清它的真面目：是一棵大树，有数不清的丫枝，枝上又生根，有许多根一直垂到地上，伸进泥土里。一部分树枝垂到水面，从远处看，就像一棵大树斜躺在水面上一样。

现在正是枝繁叶茂的时节。这棵榕树好像在把它的全部生命力展示给我们看。那么多的绿叶，一簇堆在另一簇的上面，不留一点儿缝隙。翠绿的颜色明亮地在我们的眼前闪耀，似乎每一片树叶上都有一个新的生命在颤动，这美丽的南国的树！

船在树下泊了片刻，岸上很湿，我们没有上去。朋友说这里是“鸟的天堂”，有许多鸟在这棵树上做窝，农民不许人去捉它们。我仿佛听见几只鸟扑翅的声音，但是等到我的眼睛注意地看那里时，我却看不见一只鸟的影子。只有无数的树根立在地上，像许多根木桩。地是湿的，大概涨潮时河水常常冲上岸去。“鸟的天堂”里没有一只鸟，我这样想到。船开了，一个朋友拨着船，缓缓地流到河中间去。

第二天，我们划着船到一个朋友的家乡去，就是那个有山有塔的地方。从学校出发，我们又经过那“鸟的天堂”。

这一次是在早晨，阳光照在水面上，也照在树梢上。一切都//显得非常光明。我们的船也在树下泊了片刻。

起初四周围非常清静。后来忽然起了一声鸟叫。我们把手一拍，便看见一只大鸟飞了起来，接着又看见第二只，第三只。我们继续拍掌，很快地这个树林就变得很热闹了。到处都是鸟声，到处都是鸟影。大的，小的，花的，黑的，有的站在枝上叫，有的飞起来，在扑翅膀。

(节选自巴金《小鸟的天堂》)

作品 49 号

有这样一个故事。

有人问：世界上什么东西的气力最大？回答纷纭得很，有的说“象”，有的说“狮”，有人开玩笑似地说是金刚，金刚有多少气力，当然大家全不知道。

结果，这一切答案完全不对，世界上气力最大的，是植物的种子。一粒种子所可以显现出来的力，简直是超越一切。

人的头盖骨，结合得非常致密与坚固，生理学家和解剖学者用尽了一切的方法，要把它完整地分出来，都没有这种力气。后来忽然有人发明了一个方法，就是把一些植物的种子放在要剖析的头盖骨里，给它以温度与湿度，使它发芽。一发芽，这些种子便以可怕的力量，将一切机械力所不能分开的骨骼，完整地分开了。植物种子的力量之大，如此如此。

这，也许特殊了一点儿，常人不容易理解。那么，你看见过笋的成长吗？你看见过被压在瓦砾和石块下面的一棵小草的生长吗？它为着向往阳光，为着达成它的生之意志，不管上面的石块如何重，石与石之间如何狭，它必定要曲曲折折地，但是顽强不屈地透到地面上来。它的根往土壤钻，它的芽往地面挺，这是一种不可抗拒的力，阻止它的石块，结果也被它掀翻，一粒种子的力量之大，如//此如此。

没有一个人将小草叫做“大力士”，但是它的力量之大，的确是世界无比。这种力是一般人看不见的生命力。只要生命存在，这种力就要显现。上面的石块，丝毫不足以阻挡。因为它是一种“长期抗战”的力；有弹性，能屈能伸的力；有韧性，不达目的不止的力。

（节选自夏衍《野草》）

作品 50 号

著名教育家班杰明曾经接到一个青年人的求救电话，并与那个向往成功、渴望指点的青年人约好了见面的时间和地点。

待那个青年如约而至时，班杰明的房门敞开着，眼前的景象却令青年人颇感意外——班杰明的房间里乱七八糟、狼藉一片。

没等青年人开口，班杰明就招呼道：“你看我这房间，太不整洁了，请你在门外等候一分钟，我收拾一下，你再进来吧。”一边说着，班杰明就轻轻地关上了房门。

不到一分钟的时间，班杰明就又打开了房门并热情地把青年人让进客厅。这时，青年人的眼前展现出另一番景象——房间内的一切已变得井然有序，而且有两杯刚刚倒好的红酒，在淡淡的香水气息里还漾着微波。

可是，没等青年人把满腹的有关人生和事业的疑难问题向班杰明讲出来，班杰明就非常客气地说道：“干杯。你可以走了。”

青年人手持酒杯一下子愣住了，既尴尬又非常遗憾地说：“可是，我……我还没向您请教呢……”

“这些……难道还不够吗?”班杰明一边微笑着，一边扫视着自己的房间，轻言细语地说，“你进来又有一分钟了。”

“一分钟……一分钟……”青年人若有所思地说：“我懂了，您让我明白了一分钟的时间可以做许//多事情，可以改变许多事情的深刻道理。”

班杰明舒心地笑了。青年人把杯里的红酒一饮而尽，向班杰明连连道谢后，开心地走了。

其实，只要把握好生命的每一分钟，也就把握了理想的人生。

（节选自纪广洋《一分钟》）

作品 51 号

有个塌鼻子的小男孩儿，因为两岁时得过脑炎，智力受损，学习起来很吃力。打个比方，别人写作文能写二三百字，他却只能写三五行。但即便这样的作文，他同样能写得很动人。

那是一次作文课，题目是《愿望》。他极其认真地想了半天，然后极认真地写，那作文极短。只有三句话：我有两个愿望，第一个是，妈妈天天笑眯眯地看着我说："你真聪明！"第二个是，老师天天笑眯眯地看着我说："你一点儿也不笨。"

于是，就是这篇作文，深深地打动了他的老师，那位妈妈式的老师不仅给了他最高分，在班上带感情地朗读了这篇作文，还一笔一画地批道：你很聪明，你的作文写得非常感人，请放心，妈妈肯定会格外喜欢你的，老师肯定会格外喜欢你的，大家肯定会格外喜欢你的。

捧着作文本，他笑了，蹦蹦跳跳地回家了，像只喜鹊。但他并没有把作文本拿给妈妈看，他是在等待，等待着一个美好的时刻。

那个时刻终于到了，是妈妈的生日——一个阳光灿烂的星期天：那天，他起得特别早，把作文本装在一个亲手做的美丽的大信封里，等着妈妈醒来。妈妈刚刚睁眼醒来，他就笑眯眯地走到妈妈跟前说："妈妈，今天是您的生日，我要//送给您一件礼物。"

果然，看着这篇作文，妈妈甜甜地涌出了两行热泪，一把搂住小男孩儿，搂得很紧很紧。

是的，智力可以受损，但爱永远不会。

（节选自张玉庭《一个美丽的故事》）

作品 52 号

小学的时候，有一次我们去海边远足，妈妈没有做便饭，给了我十块钱买午餐。好像走了很久，很久，终于到海边了，大家坐下来便吃饭。荒凉的海边没有商店，我一个人跑到防风林外面去。级任老师要大家把吃剩的饭菜分给我一点儿。有两三个男生留下一点儿给我，还有一个女生，她的米饭拌了酱油，很香。我吃完的时候，她笑眯眯地看着我，短头发，脸圆圆的。

她的名字叫翁香玉。

每天放学的时候，她走的是经过我们家的一条小路，带着一位比她小的男孩儿，可能是弟弟。小路边是一条清澈见底的小溪，两旁竹阴覆盖，我总是远远地跟在她后面，夏日的午后特别炎热，走到半路她会停下来，拿手帕在溪水里浸湿，为小男孩儿擦脸。我也在后面停下来，把肮脏的手帕弄湿了擦脸，再一路远远跟着她回家。

后来我们家搬到镇上去了，过几年我也上了中学。有一天放学回家，在火车上，看见斜对面一位短头发、圆圆脸的女孩儿，一身素净的白衣黑裙。我想她一定不认识我了。火车很快到站了，我随着人群挤向门口，她也走近了，叫我的名字。这是她第一次和我说话。

她笑眯眯的，和我一起走过月台。以后就没有再见过//她了。

这篇文章收在我出版的《少年心事》这本书里。

书出版后半年，有一天我忽然收到出版社转来的一封信，信封上是陌生的字迹，但清楚地写着我的本名。

信里面说她看到了这篇文章心里非常激动，没想到在离开家乡，漂泊异地这么久之后，会看见自己仍然在一个人的记忆里，她自己也深深记得这其中的每一幕，只是没想到越过遥远的时空，竟然另一个人也深深记得。

（节选自苦伶《永远的记忆》）

作品 53 号

在繁华的巴黎大街的路旁，站着一个衣衫褴褛（lánlǚ）、头发斑白、双目失明的老人。他不像其他乞丐那样伸手向过路行人乞讨，而是在身旁立一块木牌，上面写着："我什么也看不见！"街上过往的行人很多，看了木牌上的字都无动于衷，有的还淡淡一笑，便姗姗而去了。

这天中午，法国著名诗人让·彼浩勒也经过这里。他看看木牌上的字，问盲老人："老人家，今天上午有人给你钱吗？"

盲老人叹息着回答："我，我什么也没有得到。"说着，脸上的神情非常悲伤。

让·彼浩勒听了，拿起笔悄悄地在那行字的前面添上了"春天到了，可是"几个字，就匆匆地离开了。

晚上，让·彼浩勒又经过这里，问那个盲老人下午的情况。盲老人笑着回答说："先生，不知为什么，下午给我钱的人多极了！"让·彼浩勒听了，摸着胡子满意地笑了。

"春天到了，可是我什么也看不见！"这富有诗意的语言，产生这么大的作用，就在于它有非常浓厚的感情色彩。是的，春天是美好的，那蓝天白云，那绿树红花，那莺歌燕舞，那流水人家，怎么不叫人陶醉呢？但这良辰美景，对于一个双目失明的人来说，只是一片漆黑。当人们想到这个盲老人，一生中竟连万紫千红的春天//都不曾看到，怎能不对他产生同情之心呢？

（节选自小学《语文》第六册中《语言的魅力》）

作品 54 号

有一次，苏东坡的朋友张鹗拿着一张宣纸来求他写一幅字，而且希望他写一点儿关于养生方面的内容。苏东坡思索了一会儿，点点头说："我得到了一个养生长寿古方，药只有四味，今天就赠给你吧。"于是，东坡的狼毫在纸上挥洒起来，上面写着："一曰无事以当贵，二曰早寝以当富，三曰安步以当车，四曰晚食以当肉。"

这哪里有药？张鹗一脸茫然地问。苏东坡笑着解释说，养生长寿的要诀，全在这四句里面。

所谓"无事以当贵"，是指人不要把功名利禄、荣辱过失考虑得太多，如能在情志上潇洒大度，随遇而安，无事以求，这比富贵更能使人终其天年。

"早寝以当富"，指吃好穿好、财货充足，并非就能使你长寿。对老年人来说，养成良好的起居习惯，尤其是早睡早起，比获得任何财富更加宝贵。

"安步以当车"，指人不要过于讲求安逸、肢体不劳，而应多以步行来替代骑马乘车，多运动才可以强健体魄，通畅气血。

"晚食以当肉"，意思是人应该用已饥方食、未饱先止代替对美味佳肴的贪吃无厌。他进一步解释，饿了以后才进食，虽然是粗茶淡饭，但其香甜可口会胜过山珍；如果饱了还要勉强吃，即使美味佳肴摆在眼前也难以//下咽。

苏东坡的四味"长寿药"，实际上是强调了情志、睡眠、运动、饮食四个方面对养生长寿的重要性，这种养生观点即使在今天仍然值得借鉴。

（节选自蒲昭和《赠你四味长寿药》）

作品55号

人活着，最要紧的是寻觅到那片代表着生命绿色和人类希望的丛林，然后选一高高的枝头站在那里观览人生，消化痛苦，孕育歌声，愉悦世界！

这可真是一种潇洒的人生态度，这可真是一种心境爽朗的情感风貌。

站在历史的枝头微笑，可以减免许多烦恼。在那里，你可以从众生相所包含的甜酸苦辣、百味人生中寻找你自己；你境遇中的那点儿苦痛，也许相比之下，再也难以占据一席之地；你会较容易地获得从不悦中解脱灵魂的力量，使之不致变得灰色。

人站得高些，不但能有幸早些领略到希望的曙光，还能有幸发现生命的立体的诗篇。每一个人的人生，都是这诗篇中的一个词、一个句子或者一个标点。你可能没有成为一个美丽的词，一个引人注目的句子，一个惊叹号，但你依然是这生命的立体诗篇中的一个音节、一个停顿、一个必不可少的组成部分。这足以使你放弃前嫌，萌生为人类孕育新的歌声的兴致，为世界带来更多的诗意。

最可怕的人生见解，是把多维的生存图景看成平面。因为那平面上刻下的大多是凝固了的历史——过去的遗迹；但活着的人们，活得却是充满着新生智慧的，由//不断逝去的"现在"组成的未来。人生不能像某些鱼类躺着游，人生也不能像某些兽类爬着走，而应该站着向前行，这才是人类应有的生存姿态。

（节选自［美］本杰明·拉什《站在历史的枝头微笑》）

作品56号

中国的第一大岛、台湾省的主岛台湾，位于中国大陆架的东南方，地处东海和南海之间，隔着台湾海峡和大陆相望。天气晴朗的时候，站在福建沿海较高的地方，就可以隐隐约约地望见岛上的高山和云朵。

台湾岛形状狭长，从东到西，最宽处只有一百四十多公里；由南至北，最长的地方约有三百九十多公里。地形像一个纺织用的梭子。

台湾岛上的山脉纵贯南北，中间的中央山脉犹如全岛的脊梁。西部为海拔近四千米的玉山山脉，是中国东部的最高峰。全岛约有三分之一的地方是平地，其余为山地。岛内有缎带般的瀑布，蓝宝石似的湖泊，四季常青的森林和果园，自然景色十分优美。西南部的阿里山和日月潭，台北市郊的大屯山风景区，都是闻名世界的游览胜地。

台湾岛地处热带和温带之间，四面环海，雨水充足，气温受到海洋的调剂，冬暖夏凉，四季如春，这给水稻和果木生长提供了优越的条件。水稻、甘蔗、樟脑是台湾的“三宝”。岛上还盛产鲜果和鱼虾。

台湾岛还是一个闻名世界的“蝴蝶王国”。岛上的蝴蝶共有四百多个品种，其中有不少是世界稀有的珍贵品种。岛上还有不少鸟语花香的蝴//蝶谷，岛上居民利用蝴蝶制作的标本和艺术品，远销许多国家。

（节选自《中国的宝岛——台湾》）

作品 57 号

对于中国的牛，我有着一种特别尊敬的感情。

留给我印象最深的，要算在田垄上的一次“相遇”。

一群朋友郊游，我领头在狭窄的阡陌上走，怎料迎面来了几头耕牛，狭道容不下人和牛，终有一方要让路。它们还没有走近，我们已经预计斗不过畜牲，恐怕难免踩到田地泥水里，弄得鞋袜又泥又湿了。正踟蹰（chíchú）的时候，带头的一头牛，在离我们不远的地方停下来，抬起头看看，稍迟疑一下，就自动走下田去。一队耕牛，全跟着它离开阡陌（qiānmò），从我们身边经过。

我们都呆了，回过头来，看着深褐色的牛队，在路的尽头消失，忽然觉得自己受了很大的恩惠。

中国的牛，永远沉默地为人做着沉重的工作。在大地上，在晨光或烈日下，它拖着沉重的犁，低头一步又一步，拖出了身后一列又一列松土，好让人们下种。等到满地金黄或农闲时候，它可能还得担当搬运负重的工作；或终日绕着石磨，朝同一方向，走不计程的路。

在它沉默的劳动中，人便得到应得的收成。

那时候，也许，它可以松一肩重担，站在树下，吃几口嫩草。偶尔摇摇尾巴，摆摆耳朵，赶走飞附身上的苍蝇，已经算是它最闲适的生活了。

中国的牛，没有成群奔跑的习//惯，永远沉沉实实的，默默地工作，平心静气。这就是中国的牛！

（节选自小思《中国的牛》）

作品 58 号

不管我的梦想能否成为事实，说出来总是好玩儿的：

春天，我将要住在杭州。二十年前，旧历的二月初，在西湖我看见了嫩柳与菜花，碧浪与翠竹。由我看到的那点儿春光，已经可以断定，杭州的春天必定会教人整天生活在诗与图画之中。所以，春天我的家应当是在杭州。

夏天，我想青城山应当算作最理想的地方。在那里，我虽然只住过十天，可是它的幽静已拴住了我的心灵。在我所看见过的山水中，只有这里没有使我失望。到处都是绿，目之所及，那片淡而光润的绿色都在轻轻地颤动，仿佛要流入空中与心中似的。这个绿色会像音乐，涤清了心中的万虑。

秋天一定要住北平。天堂是什么样子，我不知道，但是从我的生活经验去判断，北平之秋便是天堂。论天气，不冷不热。论吃的，苹果、梨、柿子、枣儿、葡萄，每样都有若干种。论花草，菊花种类之多，花式之奇，可以甲天下。西山有红叶可见，北海可以划船——虽然荷花已残，荷叶可还有一片清香。衣食住行，在北平的秋天，是没有一项不使人满意的。

冬天，我还没有打好主意，成都或者相当得合适，虽然并不怎样暖和，可是为了水仙，素心腊梅，各色的茶花，仿佛就受一点儿寒∥冷，也颇值得去了。昆明的花也多，而且天气比成都好，可是旧书铺与精美而便宜的小吃远不及成都那么多。好吧，就暂这么规定：冬天不住成都便住昆明吧。

在抗战中，我没能发国难财。我想，抗战胜利以后，我必能阔起来。那时候，假若飞机减价，一二百元就能买一架的话，我就自备一架，择黄道吉日慢慢地飞行。

（节选自老舍《住的梦》）

作品 59 号

我不由得停住了脚步。

从未见过开得这样盛的藤萝，只见一片辉煌的淡紫色，像一条瀑布，从空中垂下，不见其发端，也不见其终极，只是深深浅浅的紫，仿佛在流动，在欢笑，在不停地生长。紫色的大条幅上，泛着点点银光，就像迸溅的水花。仔细看时，才知那是每一朵紫花中的最浅淡的部分，在和阳光互相挑逗。

这里除了光彩，还有淡淡的芳香。香气似乎也是浅紫色的，梦幻一般轻轻地笼罩着我。忽然记起十多年前，家门外也曾有过一大株紫藤萝，它依傍一株枯槐爬得很高，但花朵从来都稀落，东一穗西一串伶仃地挂在树梢，好像在察颜观色，试探什么。后来索性连那稀零的花串也没有了。园中别的紫藤花架也都拆掉，改种了果树。那时的说法是，花和生活腐化有什么必然关系。我曾遗憾地想：这里再看不见藤萝花了。

过了这么多年，藤萝又开花了，而且开得这样盛，这样密，紫色的瀑布遮住了粗壮的盘虬卧龙般的枝干，不断地流着，流着，流向人的心底。

花和人都会遇到各种各样的不幸，但是生命的长河是无止境的。我抚摸了一下那小小的紫色的花舱，那里装满了生命的酒酿，它张满了帆，在这∥闪光的花的河流上航行。它是万花中的一朵，也正是由每一个一朵，组成了万花灿烂的流动的瀑布。

在这浅紫色的光辉和浅紫色的芳香中，我不觉加快了脚步。

（节选自宗璞《紫藤萝瀑布》）

作品 60 号

在一次名人访问中，被问及上个世纪最重要的发明是什么时，有人说是电脑，有人说是汽车，等等。但新加坡的一位知名人士却说是冷气机。他解释，如果没有冷气，热带地区如东南亚国家，就不可能有很高的生产力，就不可能达到今天的生活水准。他的回答实事求是，有理有据。

看了上述报道，我突发奇想：为什么没有记者问："二十世纪最糟糕的发明是什么?"其实 2002 年 10 月中旬，英国的一家报纸就评出了"人类最糟糕的发明"。获此"殊荣"的，就是人们每天大量使用的塑料袋。

诞生于上个世纪三十年代的塑料袋，其家族包括用塑料制成的快餐饭盒、包装纸、餐用杯盘、饮料瓶、酸奶杯、雪糕杯等。这些废弃物形成的垃圾，数量多、体积大、重量轻、不降解，给治理工作带来很多技术难题和社会问题。

比如，散落在田间、路边及草丛中的塑料餐盒，一旦被牲畜吞食，就会危及健康甚至导致死亡。填埋废弃塑料袋、塑料餐盒的土地，不能生长庄稼和树木，造成土地板结，而焚烧处理这些塑料垃圾，则会释放出多种化学有毒气体，其中一种称为二噁英的化合物，毒性极大。

此外，在生产塑料袋、塑料餐盒的//过程中使用的氟利昂，对人体免疫系统和生态环境造成的破坏也极为严重。

（节选自林光如《最糟糕的发明》）

参考文献

[1] 黄秋瑞，李文辉．普通话教程［M］．上海：立信会计出版社，2007.

[2] 蒋同林．普通话口语交际［M］．北京：人民教育出版社，2006.

[3] 尹建国．普通话教程［M］．北京：高等教育出版社，2006.

[4] 陈建民．汉语口语［M］．北京：北京出版社，1984.

[5] 国家语言文字工作委员会普通话训练测试中心．普通话水平测试实施纲要［M］．北京：商务印书馆，2004.

[6] 中华人民共和国教育部．面向 21 世纪教育振兴行动计划［M］．北京：北京师范大学出版社，1999.

[7] 张子泉．普通话教程［M］．北京：清华大学出版社，2005.

[8] 陈兴焱．普通话口语教程［M］．北京：清华大学出版社，2010.